婺文化丛书ⅩⅣ / 叶顺清　主

# 千 年 一 脉
## 古婺家国情怀

吕纯儿　著

浙江工商大学出版社
ZHEJIANG GONGSHANG UNIVERSITY PRESS
·杭州·

图书在版编目（CIP）数据

千年一脉：古婺家国情怀 / 吕纯儿著. -- 杭州：
浙江工商大学出版社, 2024. 9. -- (婺文化丛书 / 叶顺
清主编). -- ISBN 978-7-5178-6242-0

I. K295.53

中国国家版本馆 CIP 数据核字第 202490HY58 号

**千年一脉**

古婺家国情怀

QIANNIAN YI MAI

GU WU JIAGUO QINGHUAI

吕纯儿 著

| | |
|---|---|
| 责任编辑 | 张晶晶 |
| 责任校对 | 杨　戈 |
| 封面设计 | 金华市传媒集团印务有限公司 |
| 责任印制 | 祝希茜 |
| 出版发行 | 浙江工商大学出版社 |

（杭州市教工路 198 号　邮政编码 310012）

（E-mail：zjgsupress@163.com）

（网址：http://www.zjgsupress.com）

电话：0571-88904980，88831806（传真）

| | | |
|---|---|---|
| 排　　版 | 金华市传媒集团印务有限公司 |
| 印　　刷 | 金华市传媒集团印务有限公司 |
| 开　　本 | 710mm×1000mm / 32 |
| 印　　张 | 6.875 |
| 字　　数 | 150 千 |
| 版 印 次 | 2024 年 9 月第 1 版　2024 年 9 月第 1 次印刷 |
| 书　　号 | ISBN 978-7-5178-6242-0 |
| 定　　价 | 68.00 元 |

# "婺文化丛书XIV"编委会


主　　编：叶顺清

副主编：周国良　叶志良

编　　委：（按姓氏笔画排序）

　　　　　叶志良　叶顺清　朱　程　许苗苗

　　　　　贡　燕　吴远龙　张丽平　陈文兵

　　　　　林胜华　周国良　姜汉超　徐　进

　　　　　傅军民　楼存记

# 序

地方文化具有不可替代的价值。多年来，我对金华地方文化一直怀有很深的情感。

千百年来，在这片古老的土地上，一代代先贤怀揣着"修身齐家治国平天下"的理想，以家庭为根基，以天下为己任，书写着绵长醇厚、历久弥新的故事。他们的思想感情、精神情操让我们仰之弥高，值得我们越过时光的栅栏，去触及他们的骨骼、血肉和眉眼。为此，我对研究地方文化的学者怀有敬意，对从事地方文化研究的队伍特别关注。

两年前，我与时任金华市政协文化文史和学习委员会主任吴远龙先生参观刚刚建成的金华历史文化研究成果展示厅，接待我们的正是吕纯儿女士。吴远龙先生介绍，吕纯儿调到金华市图书馆工作之前，就职于金华日报，早年就出版过地方文化集《十四村》。我问她："怎么会想到去图书馆工作？"她回答说："因为喜欢书，也喜欢地方文化。"短短的参观过程，吕纯儿女士给我留下了深刻的印象，她有游离于烟火之外的书卷气息，不仅在金华历史文化研究成果展示厅倾注了热情，在地方文化研究等多个方面也有所深入。我鼓励她开展地方文化研究，期望一位有着多年新闻工作经验的图书馆人为地方文化研究注入新鲜血液。

两年后的今天，吕纯儿女士告诉我，她的新作《千年一脉——古婺家国情怀》即将付梓，问我可否为之作序。我有些意外，两年时间，她已在地方文化研究的道路上往前迈了一大步。读完她的书稿，我感动于"家国情怀"这个主题，也感慨于家国情怀已埋藏于这片深情的土地，如同它根植于人民的筋骨和血肉。

古子城是金华的历史文化石榴果，是金华历史的截面。在这里，无数文人和英雄登上八咏楼、朱大典以身殉国、爱国青年点燃抗战救国必胜的信念……这里不仅浓缩着故土的兴衰，也照见国家的兴亡，这里是中华儿女誓死保卫的山河一角，也是他们的精神家园。

唐朝末年，一代画僧贯休心怀辅政为民的梦想，以这片土地为中心云游四方，至死不休。他留下的《十六罗汉图》成为百姓祈雨的灵物、中国绘画史上的珍宝。

两宋时期，古婺大地上的文人士子，在历史的洪流中，在婺江相遇，在江畔北望中原，以各自的形式倾其一生，践行着故土和家国的复兴，他们是吕祖谦、陈亮、宗泽、梅执礼、潘良贵、郑刚中……

在五峰书院，围绕民族兴亡掀起了两次文化高峰。在月泉书院，一群南宋遗民在元朝初年，以诗社的形式高高举起不倒的精神旗帜。在白沙溪流域，百姓建起三十六堰和稻米之乡。在芝英镇，七位乡贤五百年接力，推进着一个家族的兴盛……

辑入这本集子的主要是吕纯儿女士近两年的作品，也有小部分是旧稿。她的文章角度新颖、主题深入，汲取了眼下最新的研究成果，而且她通过实地勘探访问，在一些地方提出了自己的看法。这是难能可贵的。她的讲述把我们带入一个个历史与眼下的场景，那里埋藏着生生不息的家国种子。在历史的进程中，有太多的无奈与残垣，先贤们在时代中沉浮，他们悲怆、茫然、期待，始终挺立着脊梁，坚守着一颗赤子之心。

在中华民族走向伟大复兴的时代，在这片生生不息的土地上，始终缭绕着先贤们保存的余烬，它们依然散发着炽热的温度：在家国经历灾难的时候，总是会"一方有难，八方支援"，总会有那么多的人舍小家为大家，在他们的身影中，我们一次次看到了先贤们的精神。他们可能是快递员、小商人，也可能是企业老板、国家干部，他们在国家和社会需要的时候投身救助，在灾难解除的时候隐入人群。我们为生活在这样一方土地上而心怀温暖和骄傲。

《千年一脉——古婺家国情怀》收录的内容只是古婺家国故事的一部分，希望吕纯儿女士能沿着"家国情怀"这一主题继续深入，更全面地挖掘古婺家国故事，抒写赤子之情，汇成悠悠长歌。

希望更多的人阅读此书，阅读发生在这片土地上的家国故事，懂得先贤们的家国情怀，汲取其中的营养，领悟八婺智慧和精神，得以激励前行。

也希望更多人加入地方文化研究的队伍，进一步整理、挖掘、研究、阐述金华的历史文化，讲好金华故事，推进有金华辨识度的地域文化创造性转化，创新性发展，让更多人知金华，懂金华，爱金华，为金华的发展贡献更多力量。

胡锦全

2023年秋

# 目 录

# 古子城的山河与烟火

　　我在各个季节去过古子城，但最喜欢的是古子城大寒时节的样子，地是灰色的，墙是灰色的，瓦是灰色的，树上该掉的叶子都掉了，只留下灰色的树干。在这个季节，人流是最少的，古子城为此拉开了一个最大的空间，从中可以窥见历史和历史中的孤寂与喧闹。这里曾是金华历代的军事、政治、文化中心，是金华的城市之根、文化石榴果。

## 离愁与山河

　　李清照是在宋金战火中流离到金华古子城的。宋朝廷退往江南，这位宋代的词坛骄子一路趔趄来到金华，她站在八咏楼上，看着双溪汇聚，向西奔流，流向破碎山河，写下千古绝唱："千古风流八咏楼，江山留与后人愁。水通南国三千里，气压江城十四州。"诗句忧伤而豪迈。我始终认为，李清照面向南方，对着滔滔婺江，看到的却是北方的山河，遥望的是中国的版图。那里，是她的离别，更是她的向往。

　　南宋偏安一隅，然而偏一隅依然难安。从北向南，李清照一边离别一边叹息，离别缠绕着希望，却面临更深的离别。

　　李清照出身于书香门第，从小随父亲生活于汴京（今开封）。

优渥的生活环境,成为李清照前期创作的底色,她出嫁后与丈夫赵明诚共同致力于书画金石的搜集整理,后来因政治牵连闲居青州二十年。靖康二年(1127),金兵攻破汴京,俘虏了徽、钦二帝,北宋灭亡。随之青州兵变,李清照流寓南方。两年后,丈夫赵明诚死于建康。

家国破碎,李清照四处飘零。绍兴四年(1134),在赵明诚妹夫李擢的安排下,李清照避难金华古子城酒坊巷。离别的悲凉和山河破碎的愤懑在李清照的心头无法挥去,她借词述尽了这人世间的愁:"风住尘香花已尽,日晚倦梳头。物是人非事事休,欲语泪先流。闻说双溪春尚好,也拟泛轻舟。只恐双溪舴艋舟,载不动许多愁。"

愁有多重,希望就有多稠。李清照无数次遥望北方,即使在打马(古代一种博戏)的时候,她也想着北方的山河。李清照在金华写成《打马图经》并《序》,又作《打马赋》。虽为游戏文字,却语涉时事。借博戏之事,引用大量有关战马的典故和历史上抗恶杀敌的威武雄壮之举,热情地赞扬了像桓温、谢安等忠臣良将的智勇,暗讽南宋统治者不思抗金,不识良才,庸碌无能……李清照身在打马,心却像花木兰一样驰骋沙场。

她是词坛的骄子,也是一个普通的女子。在她身上,我们看到国家命运与个人命运的共荣共衰,看到中华儿女对国家兴盛的强烈渴盼,看到离别的悲伤、飘零他乡的悲凉,以及万事无可回头的悲怆……那分明是无数个我们自己,谁的命运不是与国家紧紧捆在一起?谁没有过别离?谁没有过别人无法理解的悲伤?谁没有过无奈与叹息?

像李清照一样,由于战乱避难金华的文臣武将、贵族子弟数量很多,李清照只是他们中的代表。

南宋开禧二年(1206),朝廷安置北方移民的十二个州府中就有婺州,宋、元、明间出现了大规模家族式的迁徙,如吕好问、吕大器、范浚、黄缙等文儒名士就在其列。从宗谱及地方文献等相关资料中可以看到,这些随着朝廷迁入金华府属的人群中,万人大族就有二百余支。南宋时期,金华离京城临安不远,名流云集、书院林立、文风鼎盛,思想交锋激烈,人才辈出,科举成就斐然。

## 将军朱大典

我去古子城,有时候是因朋友聚会,更多的时候只是去走走,饭后散步,孤独久了去染染人气。辛丑年的春天,我却是去找一块石碑。我知道这块石碑的存在,是在与朋友的一次聊天中。傍晚时分,我在八咏楼南面的墙根边找了一圈,没有找到。我在八咏楼下站了许久,这里布满青苔,一片寂静,与旁边的热闹格格不入。

约四百年前,这里有一个火药库,三十二人围坐在这里,把最后的火药悉数绑在自己身上,面容凝重,视死如归……后来,一声巨响,血肉、弹片横飞,那声巨响,震动了大半个中国。

我后来找到的石碑,立于八咏楼进门右侧的老城墙边,碑石上写着"朱大典遇难处"。我看着石碑,看向发生在这里的一段深沉的历史。

在这三十二位英雄中,核心人物叫朱大典,四百多年前生于金华长山,因为出身贫苦,一度栖身破庙,但他胸怀大志,痴迷读书,经常站在村里私塾的窗户下隔窗偷听。朱大典靠"偷师"和自学,于明万历四十四年(1616)考取进士,成为明朝的官吏。

此时，明朝已经进入末期，内忧外患、狼烟四起，朱大典虽是文人出身，却晓畅兵机、英勇过人，他依靠战功一步步从山东章丘知县，升任福建按察使、山东巡抚、漕运总督、凤庐巡抚、兵部左侍郎、兵部尚书等职。

南明隆武元年(1645)，清兵压境，南明弘光朝廷覆灭。朱大典见势率兵回到家乡金华，保不了国，退而护家乡。此时南明隆武帝在福建继位，授朱大典为文华殿大学士，让他负责浙江金华一带的防御守备。这正合朱大典的心意。为了护城，他把自己历经数十年累积的钱财用于招兵买马、聚草囤粮、修筑城墙、购置器械火药，做好死守金华城的准备。

南明隆武二年(1646)，清军包围金华并大举攻城，朱大典毁掉招降书，斩招降使，在无任何外援的情况下，死守孤城二十多天。然而，清军援军和物资源源不断，金华城守军却渐渐伤亡殆尽，粮尽援绝。他凭着一腔忠勇做最后的苦斗，死守金华城二十多天，朱大典的儿子和大部分部将战死。

七月十六日，金华城新修的一段城墙被清兵集中火力攻破。朱大典来到火药库，把残存的火药集中到一起，捆绑在身上……

"眼底云烟过尽时，正我逍遥处。"这是瞿秋白赴难之时的解脱和逍遥，何尝不是朱大典的自我成全和自由。

在朱大典与家人、幕僚殉国之前，他的大孙子朱钰在突围求援途中被杀，长媳章氏在前一日已自缢殉难，妻子何氏率众儿媳在城破时，手牵着年幼的儿孙投井自尽。

三日后，金华城死一般寂静。史书记载，清军屠戮五万。李渔泣曰："婺城攻陷西南角，三日人头如雨落。"

朱大典以身殉国的壮烈之举传遍中国，战火中幸存下来的金华百姓无不怀念朱大典,把他当年栖身的破庙修葺一新,四时祭拜;在他当年苦读诗书的地方,立石碑"朱大典读书处",遗迹至今尚存。乾隆四十二年(1777),朝廷为提倡忠孝节义,在金华双溪驿为其修建青石牌坊一座,可惜已毁。

2019年,金华追寻"将军路"的来历并拟建将军公园。金华市婺文化学者周国良提起了朱大典的不屈之战,"金华是州府所在地,也是兵家必争之地,将军何其之多,但'生为金华人,死也金华魂'的将军唯独朱大典"。

朱大典将军雕像落成于2019年11月18日。我在古子城不远处的将军公园中找到了雕像:朱大典骑着战马飞奔而来,面容坚毅、战袍飞舞,急勒的战马前蹄飞扬,一声长啸似在天空回荡……一个人活着,关键在于活成什么样的姿势,一个人如是,一个民族如是。

我佩服朱大典,他能穷到寄宿破庙,能忠勇,能生死自由。最后,他死在忠明的战场上,也死于卫乡的战火中。与其说是死,更像是归。

只可惜,朱大典死时,没有留下只言片语。对他而言,死也是一场战斗,走得太急,轰然一声,来不及回想自己的一生;又或者说,他早已想过,想得透彻,只言片语都是多余。

## 抗战文化中心

朱大典赴难二百九十多年后,中华民族再次陷入水深火热之中。

1937年,淞沪会战后,日军占领了北平、上海,随后杭嘉湖地区相继沦陷,地处浙江之心的金华,被历史赋予特殊的使命。12

月，大批抗战青年和进步文化人士，从上海、杭州、无锡、嘉兴等地，沿浙赣铁路撤退到金华。古老的金华，成为浙江的政治、军事和文化中心。

"'春雨楼头尺八萧，何时归看浙江潮'……我们要占据这文字战垒，向敌人开炮；我们有的是铁与血，不达到收复失土，歼灭倭寇，誓不停止……"在那个特殊的历史时期，在金华古子城酒坊巷126号，中国共产党向浙江甚至是全国发出自己的声音。

发出这个声音的是《浙江潮》。《浙江潮》由黄绍竑筹办，严北溟出任主编，这篇创刊词《潮头语》便出自严北溟之手。创刊词揭示了《浙江潮》的任务："激发民族意识，发动全民抗战。"创刊号出版于1938年2月24日，二十页，约四万字。

在此后的四年时间里，《浙江潮》以民族振兴的澎湃之情，推动浙江三千万民众抗日自卫，在浙江大地上积聚着抵御侵略的热潮。

《浙江潮》的作者，大多是党员作家和进步文化人，如在金华和东南各地的杜国庠、王亚平、何家槐、邵荃麟、骆耕漠、石西民、曾涛、刘良模、张锡昌、陈虞荪、黄继武等，还有远在西南的著名学者胡愈之、夏衍、千家驹、范长江、恽逸群、孟秋江、乔木（乔冠华）、郑森禹、刘思慕、张志让等。从这个名单中，足见当时《浙江潮》的影响。《浙江潮》从创刊至1941年1月20日停刊，共出版一百二十八期。每期铅印十六开二十页左右，发行量超过十万份。

《浙江潮》只是当时以古子城为主要聚集地的抗战报刊的代表。资料记载，在1937年到1941年的五年时间里，共有一百多位全国知名的文化界人士在金华从事新闻工作，出版发行的报刊有六十多种，有书店和各类出版社二十七家，通讯社近十家。当时在重庆的茅盾说："今天的中国文坛已形成了好几个重心点，重庆是一个，而桂林、延安、昆明、金华，乃至上海，也都是其中之一……"

如今，酒坊巷《浙江潮》旧址还在。我常想，这里曾经承载过多少热血和青春，汇聚过多少理想和才华。他们以笔为刀，以热血为袍，战斗在抗日战争的大后方，也战斗在抗战思想的前线，引领多少人民大众走向救国一线。这是古子城激情飞扬的年代，也是最青春的时代。

1941 年 1 月，《浙江潮》停刊，严北溟在黄绍竑的支持下创办《浙江日报》，担任发行人兼社长。其他报刊也相继转移。

## 战火与万佛塔

万佛塔是金华的地理标志，更是金华的人文标志。它矗立于婺江边，朝起暮归，始终如初。在我们的时间里，万佛塔似乎并不驻足，它是一位时间的使者，引领我们看见历史和未来。

1942 年 4 月间，日本发动"浙江战役"，增兵强渡钱塘江。国民党浙江省主席黄绍竑、第三战区副司令长官顾祝同下令给金华城防司令王铁汉："万佛塔目标过大，易被日军飞机轰炸，予以拆毁。"消息传开，金华百姓群情激奋——万佛塔是金华地标性文物，浓缩着一个地方的历史、文化和精神，怎能说毁就毁。王铁汉很聪明，采取了折中的办法：他执行上级毁塔的命令，但不是一爆了之，而是搭起脚手架从塔顶慢慢往下拆，目的是拖延时间以尽量减少古塔的损失，便于战后修复。然而塔未拆完，日军前锋已逼近金华，王铁汉部队奉命挥师南下。日军侵占了金华，驱使民工继续拆塔，把拆下来的材料用于构筑炮台等工事。

《金华府志》记载："密印寺，在府治北百四十五步，旧名永福，吴越钱氏建。宋大中祥符间(1008—1016)更名密印,后废,改建分司。有塔九级,屹峙云际中,玲珑可梯。治平初建,明隆庆初重修,侍郎王崇旨记至。"

1942年拆毁于战火之中的万佛塔,是于北宋嘉祐七年(1062),在已废的密印寺基础上由密印寺高僧居政募建,大约在治平初年建成。清道光二十七年(1847)由定钦和尚募资大修,加高为十三层,高五十余米。塔楼高耸,楼角飞檐。飞檐上悬有铜铃,随风飘声。塔内设扶梯,游人可拾级而上。凭栏远眺,双溪如带,南山如屏。万佛塔成为金华古城最高的建筑物,数以万计的砖雕佛像镶嵌在塔上,每块砖都塑有佛像,因此俗称"万佛塔"。

历经千年的万佛塔,就这样毁于战火,寂寂于这片土地。

1956年底,某工程队在万佛塔原址取用石块,发现盖在塔基中心的石板上有洞,并可看见洞内文物。金华有关部门了解情况后,立即发电报通知浙江省文物管理委员会。

1957年1月1日下午,浙江省文物管理委员会考古专家开始发掘地宫。万佛塔塔基呈六角形,塔基用较整齐的长形石块砌成,有些石块上还雕着云纹。在每块长石块之间,粘以三合土,并夹有钱币。塔基中心盖着一块方形石板。万佛塔地宫就是由六块大石板砌成的一个方盒子,里面放满了文物。地宫四壁刻满经文,靠北壁正中有一座经幢,幢前有一只铁箱,铁箱上阳刻"金华县大云乡祥符东第四保居住弟子姜永□并妻朱二娘阖家……"字样。

地宫中还发现了十一座铜铸金涂塔和四座铁铸金涂塔。铜铸金涂塔塔基四面刻有佛经故事,塔身内壁刻有"吴越国王钱弘俶敬造八万四千宝塔乙卯岁记"。铁铸金涂塔四面各有四个小坐像,塔身四周刻铸着佛经故事。

吴越王崇信佛教,大兴佛寺,铸造、印制了大批佛像分送各寺院供养。特别是钱弘俶为吴越王时,效仿阿育王造了八万四千金涂塔,分发至吴越国境内各地,甚至远播日本。金涂塔实物,历代多有传世,万佛塔地宫的铜雕像和吴越金涂塔等都是五代遗物,为文物珍品。

文物中出现的"吴越国王钱弘俶",是吴越忠懿王(929—988),在位三十年,是五代十国时期吴越国的最后一位国王。宋太祖平定江南,他出兵策应,授天下兵马大元帅。太平兴国三年(978),钱弘俶深受他所大力传播的佛教思想影响,放下个人私利,纳土归宋。

2014年,万佛塔复建启动,2019年12月31日建成并对外开放。

## 永远的人间烟火

光阴的色彩和战争的炮火已落定为历史的尘埃,呈现为灰色的尘土,在过去的时光里呈现的各种绚丽都被这片土地收纳,而赤子之心被写进了历史。无数前人执念过的江河山川,在他们之后一次次走向繁荣,呈现为缭绕的人间烟火。

李白曾在《送王屋山人魏万还王屋》中写道:"落帆金华岸,赤松若可招。"据说古时金华三江六岸百货山积、帆樯如林,县志记载的渡口有三十多处。婺江在钱塘江的上游,自古是水上交通要道。金华主要水路曲贯东西,婺江与兰江首尾相衔,顺流下富春江汇入钱塘江。武义江流经永康江,下行与义乌江汇成婺江,溯兰江而南,可至龙游、衢州、江山、开化、常山等地。金华水上航运始于唐代,宋朝迁都临安(今杭州)后,金华航运繁华如锦,彩帆如织。

著名小码头就在两江交汇的北岸,码头上有了大排场的南货店,供应时令糕点。春酥夏糕,秋饼冬糖,诸如桃酥、红回回、橘红糕、连环糕、芝麻条、芙蓉糕、糖饼、麻饼、麻腿、油金枣等都是招牌好货。码头上还有米厂、副食零售店、铁匠铺、农具店、旅店、早餐店、瓷器店、肉铺、蔬果摊、废品收购店等,一应俱全。山里人用竹子编一架竹排,载着从山上砍伐的竹木藤,以及香菇、木耳、山鸡、野兔等山货,走水路到金华小码头进行交易。物资换了现钱,便采购些日常所需。花上一整日甚至更久的时间挑担步行回家。到了晚上,码头上人声渐息,客船与货船纷纷靠岸,小渔船点着油灯,泊到江南岸去,一阵江风吹过,火苗扑朔,灿若星辰。

酒坊巷是古子城最繁华的街道之一。资料显示,酒坊巷宋时称铜齐坊,到了明代,有一名为戚寿三的酿酒师在此开设酒坊酿酒,他酿酒的水取自酒坊巷的酒泉井,井水清冽甘甜,酿出来的酒味甘醇厚,很快名声在外。后来,此街也更名为"酒坊巷"。直到清代中期,酒坊巷还酒肆如林,此处酿制的金华酒经码头上婺江,源源不断地销往各地。

史载,吴越王钱镠岁向五代各王朝进贡,其中金华酒就是定制的贡酒。元代文学家张雨有"恰有金华一樽酒,且置茅家双玉瓶"的歌咏……

夜幕降临,古老的酒坊巷华灯初上,人流如织(这里汇聚了金华的经典餐饮),灯火映衬着巷口石牌楼的石雕精美无比,石牌楼的一面写着"酒坊巷",另一面写着"婺学正源",揭示着这条老巷的千年历史和重要的历史地位。走在老巷的石板上，眼光拂过这里的一门一窗、一砖一瓦，遥想当年，这里曾经有过怎样的繁华。这里的每一道肌理上，都留存着这片土地上的人们走过的光阴和生活的烟火，这是生命的归宿，也是无数先人当初遥望过的未来、无数次想象过的景象，这是金子的色彩。

# 十六罗汉图

　　早年看《中国绘画史》，惊讶于《十六罗汉图》的怪异、磊落、慈悲、自由。《十六罗汉图》也叫《十六应真图》，现藏于日本东京国立博物馆与根津美术馆，对宋、元的道释画产生了深远的影响。

　　辛丑年末，我在金华历史文化研究成果展示厅的古籍柜中打开"金华丛书"刻本第143—145卷第13函《禅月集》时，一种神秘而古朴的气息扑面而来，一种异样的情感弥漫全身。翻开书籍，贯休的背影在朔风中踽踽独行……《禅月集》是贯休一生的游方，而《十六罗汉图》则藏着贯休长留人间的灵魂。

## 十身《罗汉图》

　　唐僖宗广明元年(880)，中国历史上发生了两件与本文有关的事情：一是黄巢起义军在信州(今江西广信区)反败为胜后，于六月间相继攻克了池州(今安徽池州)、睦州(今浙江建德)、婺州(今浙江金华)等地；二是中国绘画史上著名的《十六罗汉图》之十身《罗汉图》问世。

　　这一年的春天，贯休在金华兰溪和安寺创作《罗汉图》。几年前，他曾在江西玉山县怀玉山寺修禅院、建读书堂，修禅读书，《罗汉图》正是为该寺所画。

　　贯休从小出家，又在外游方多年，他的绘画已在社会上颇有影响，由他来绘制《罗汉图》再合适不过了。

　　事实上，贯休从二十四岁就开始游方，已在外云游二十多年。他曾在洪州（今江西南昌）开元寺研修《法华经》，又升座开讲，法名和诗名远播。之后，他往返于江南各地的名山名刹，建寺会友。贯休是一个僧人，也是一名儒士。他在游方的同时，遍访了浙江、江西、江苏等地的官员。事实上，他一边游方，一边在寻找辅政的机会。时处唐末，政权动荡、战火四起，贯休若是一名手执长剑的将军，倒可以自己拉一队人马，直接杀入战场，保一方百姓安宁，但他只是一位空有满腹诗书和报国之志的文弱诗画僧，他能做的，只有辅佐。

　　公元880年，贯休暂时结束了游方的生活，回到兰溪和安寺。这个寺院是他儿时出家的地方，这片土地是他的故土。长久的云游之后，他需要安静和独处——他在无数次出发与离别中经历着善与恶、梦想与绝望、天堂与地狱的角斗和交替，由此形成的对人生、对宗教的领悟须要整理。《罗汉图》正是他内心自我整理的一种结果。

　　这一年的六月，贯休在和安寺创作的《罗汉图》已成十身，黄巢的战火燃到了婺州，他被迫停下创作，携十身《罗汉图》随婺州太守王愻避难常州。世事无常，待贯休完成其他六身罗汉集成《十六罗汉图》托人带往江西玉山县怀玉山寺时，已是十六年后。千百年后，这组《十六罗汉图》流入民间，被不断临摹，成为百姓祈雨的灵物，流入历史长河，成为艺术珍品。

# 僧人有梦

贯休随王镣避难常州,藏于溪谷之中,后又与王镣失散,困在破庙之中。贯休怀着济世之梦,此时的他也不过是一个受难的百姓。

秋末冬初,战火渐息,贯休走出困境并辗转回乡,途经杭州时,他受到了钱镠部属杜稜将军父子的接待和眷顾。面对仗剑战场的杜将军,贯休难掩心中青云之志,以及沉于心中的块垒:"少年心在青云端,知音满地皆龙鸾。遽逢天步艰难日,深藏溪谷空长叹。"(《别杜将军》)

这样的苦闷和叹息,在贯休的诗歌中并不少见。"恭闻太宗朝,此镜当宸襟……此镜今又出,天地还得一。"(《古镜词上刘侍郎》)"客从远方来,遗我古铜镜。挂之玉堂上,如对轩辕圣。"(《古意代友人投所知》)"子期去不返,浩浩良不悲。不知天地间,知音复是谁?"(《偶作二首》)……

清人胡凤丹把贯休留在世间的《禅月集》编入"金华丛书"时,在扉页上这样写道:"贯休一方外耳,而乃以悲愤苍凉之思,写清新俊逸之辞……"

婺州太守王镣与贯休惺惺相惜,互为挚友。然而,婺州陷入黄巢战火,他难辞其咎,后与衢州、睦州、杭州太守同时被贬,几年后离世。贯休写下悲婉之诗:"世乱君巡狩,清贤又告亡。星辰皆有角,日月略无光。金柱连天折,瑶阶被贼荒。令人转惆怅,无路问苍苍。"(《闻王镣常侍卒三首·其一》)。

# 父母的弃儿

唐大和六年(832),贯休出生在婺州登高里(今浙江兰溪游

14

埠镇），姓姜，字德隐。姜家是一户读书人家，修身齐家治国平天下的儒学思想世代相传，后来家道中落，大概贫困交加，即便贯休从小天资不凡，仍在七岁的时候被父母送到本地和安寺出家。

"年长于吾未得力，家贫抛尔去多时……恩爱苦情抛未得，不堪回首步迟迟。"多年之后历经世事沧桑，当贯休面对弟弟妹妹的坟茔时，仍然难掩当年的失落。贯休有弟弟妹妹，父母却独把他送进了寺院，无论父母的初衷是抛弃还是处于困境中的周全，从情感上而言，他都是父母的弃儿。

贯休被亲人所弃，但他却热爱着这个尘世和尘世的人们。贯休在受具足戒走出诸暨五泄山寺开始游方后，走进了百姓的生活。在他的诗歌中，有许多对樵夫、农家、渔民、蚕妇等百姓的生活的描述："樵父貌饥带尘土，自言一生苦寒苦。担头担个赤瓷罂，斜阳独立濛笼坞。""风恶波狂身似闲，满头霜雪背青山。相逢略问家何在，回指芦花满舍间。"

贯休生活在乱世，此时唐王朝由盛转衰、天下大乱，百姓在战争中煎熬，而被寄予希望的统治阶级却日益糜烂腐朽——"太山肉尽，东海酒竭。佳人醉唱，敲玉钗折。宁知耘田车水翁，日日日炙背欲裂！"这首《富贵曲》与杜甫的"朱门酒肉臭，路有冻死骨"异曲同工。

"霡雨潸潸，风吼如劇。有叟有叟，暮投我宿。吁叹自语，云太守酷。如何如何，掠脂斡肉。吴姬唱一曲，等闲破红束。韩娥唱一曲，锦缎鲜照屋。宁知一曲两曲歌，曾使千人万人哭。不惟哭，亦白其头，饥其族。所以祥风不来，和气不复。蝗乎蟊乎，东西南北。"（《酷吏词》）赃官酷吏如同蝗虫与盗贼一样侵害百姓，贯休怀着恻然、慈悲、愤懑之情写下这些文字。

在贯休的心里，有两张自画像，一张是儒生，才高八斗、辅政为民；另一张是僧人，传播佛法、普度众生。儒生和僧人，在贯休身上互相转换，有时合二为一。

## 北方的行者

唐光启四年(888)，唐朝经历了黄巢起义，人心和政权俱已四分五裂，藩镇占据一方，民不聊生。唐昭宗继位，一心想要恢复大唐的繁荣。大概是在唐昭宗身上看到了复兴的希望，贯休开始北游。在过去的三十年时间里，贯休几乎走遍了南方所有的割据政权，而北方的那片疆域，仍在友人的诗歌和述说中。他要去看一看北方，看一看他梦想中"一洗苍生忧"的最高指挥部，看一看北方的山河。

"昔时昔时洛城人，今作茫茫洛城尘。"洛阳作为唐代的重要城市，历经战乱之后，已不复之前商铺林立、商贾云集、车水马龙的繁华景象。贯休看到的是残破不堪的苍凉。

第二年春天，贯休离开洛阳前往长安。这座大唐最繁华的城市，一度惊艳过世人的目光，而此时的长安刚经历过一场浩劫——公元881年，黄巢杀入长安城，自立为王，在城内四处杀戮。公元883年，各路藩镇的唐军攻破黄巢占领的长安城，城内再起烧杀抢掠，"宫室、居市、闾里，十焚六七"。

晚唐诗人韦庄用一首《秦妇吟》描写了长安城经历劫难后的画面："含元殿上狐兔行，花萼楼前荆棘满。昔时繁盛皆埋没，举目凄凉无故物。内库烧为锦绣灰，天街踏尽公卿骨。"

此时的贯休站在长安的街头，苍凉景象席卷而来——"憧憧合合,八表一辙。黄尘雾合,车马火爇。名汤风雨,利辗霜雪"。而长安的浩劫远未结束。不久,朱温强迫皇帝迁都洛阳,"毁长安宫室百司及民间庐舍,取其材,浮渭沿河而下,长安自此遂丘墟矣"。

贯休在长安逗留一年左右时间后又向西行,翻越陇阪,走出陇右边塞,又北经五台,到达幽州、蓟州(今北京及河北北部)。

陇右和幽州、蓟州,是唐代边塞战争历时最为长久、战况最为激烈之地,也是唐代边塞诗歌反复咏唱的地区。贞观年间,唐太宗把全国划分为十道,陇右道即为其一,开元年间增至十五道。唐代陇右道地域广大,管辖十八个州和两个大都护府,管辖范围比甘青宁地区还要大。

陇右道连接中亚地区,东北为突厥,南面为吐蕃,东与关内道相接,陇右走廊夹在两个重要的游牧民族之间,既可以纵深至关中,又能够外扩到吐蕃和突厥,是中原区域历史上对抗游牧民族的缓冲地带。陇右道作为唐朝重要的军事防御基地,统治者在该地设置了节度使。节度使作为地方的最高权力长官,有财、政、兵权。陇右道在节度使制度之下,加强政治和军事方面的改革,布置更强有力的边防。

"幽并儿百万,百战未曾输。蕃界已深入,将军仍远图。月明风拔帐,碛暗鬼骑狐。但有东归日,甘从筋力枯。""中军杀白马,白日祭苍苍。号变旗幡乱,鼙干草木黄。朔云含冻雨,枯骨放妖光。故国今何处,参差近鬼方。"(《古塞上曲七首其一/其二》)

"古塞腥膻地,胡兵聚如蝇。寒雕中骱石,落在黄河冰。苍江逻迤城,桢桢贼气兴。铸金祷秋穹,还拟相凭凌。""战骨践成尘,飞入征人目。黄云忽变黑,战鬼作阵哭。阴风吼大漠,火号出不得。

谁为天子前,唱此边城曲。"(《古塞下曲四首其一/其二》)

塞上是关外,塞下是关内。无论是《古塞上曲》还是《古塞下曲》,贯休看到的情景都是:鬼、阴风、冻雨、冻、杀、哭、吼、枯、黄、黑、苍茫……悲凉与苍茫充斥在他的诗歌中。这些诗歌,成为贯休创作生涯中最为光彩的一页。

## 江城的浪子

唐景福元年(892)秋,贯休自北南归。在此之前,唐昭宗在越州设置威胜军,任命董昌为威胜军节度使、陇西郡王,又在杭州设置武胜军,以钱镠为武胜军都团练使。之后,钱镠又升任苏杭观察使,并征发二十万民夫及十三都军士,修筑杭州罗城。不久,唐昭宗又拜钱镠为镇海军节度使、润州刺史,承认了他对浙江西道的统治权。

钱镠占据浙西数州之地,任用大批文武人才,势力逐渐壮大。六十多岁的贯休在钱镠的身上看到了浙西复兴的希望,他前往杭州觐谒钱镠,希望能为钱镠效力。贯休欲托付的毕生梦想,对于刚刚完成地方割据的钱镠来说却是可有可无。关于这次觐谒,据说,有一首诗引起了钱镠的不快。

引起不快的诗,有两个版本。一个是:"贵逼人来不自由,龙骧凤翥势难收。满堂花醉三千客,一剑霜寒十四州。鼓角揭天嘉气冷,风涛动地海山秋。东南永作金天柱,谁羡当时万户侯?"另一个是:"贵逼身来不自由,几年辛苦踏山丘。满堂花醉三千客,一剑霜寒十四州。莱子衣裳宫锦窄,谢公篇咏绮霞羞。他年名上凌烟阁,岂羡当时万户侯?"钱镠遣客吏让贯休改"十四州"为"四十州",贯休说:"州亦难添,诗亦难改,然闲云孤鹤,何天而不可飞?"

这个流传甚广的"改诗"传说,可用于佐证贯休的风骨。但复旦大学陈尚群考证,事实可能并非如此。此诗并未收入《禅月集》。贯休也曾写道:"郭尚父休夸塞北,裴中令莫说淮西。"诗中说钱镠的功绩已经超过曾在安史之乱中挽救危局的郭子仪和中唐时期平定淮西的裴度,溢美之言、渲染之意非常明显。溢美之言可以写,"十四州"为何不能改?浙西毕竟有贯休的故土,如果改一字能留在家乡辅政、泽被乡里,贯休会愿意吗?

无论是什么原因,贯休最终没有留下来,带着遗憾再一次出发,溯江西行,前往江陵(今湖北荆州),从此再没回过家乡。

唐末的江陵是东西南北四达之地,交通便捷,工商兴盛。贯休抵达江陵是在乾宁元年(894)的冬天。在去江陵的船上,贯休续上了在和安寺没有完成的《罗汉图》(六身),托前来拜见的景昭禅人带给怀玉山寺。

此时江陵的割据者叫成汭。成汭早年曾为僧人,在乱世中从军,召集流亡人员集结队伍,又乘乱占有荆南,朝廷便以节旄授之。江陵经大乱,已破败不堪,成汭"抚辑凋残,励精为理,通商训农,勤于惠养",这在乱世是难得看到的景象。成汭治理地方卓然有效,对来往或寄住的官员、文士也客气,但气量不大、性格偏激,本性凶暴好猜疑,他的儿子犯了不大的过错,他居然亲手杀之。

成汭把贯休安排到龙兴寺居住,生活上也很照顾。但贯休性情直率,经常无意间"诋讦朝贤"而不自知,最终没有得到成汭的重用。贯休曾作《砚瓦》云:"浅薄虽顽朴,其如近笔端。低心蒙润久,入匣便身安。应念研磨苦,无为瓦砾看。傥然仁不弃,还可比琅玕。"诗咏砚台造型拙朴,借喻自己不受重视,被弃作瓦砾的境遇。

贯休驻湖北荆州龙兴寺,诸多文士官员前来拜会,其中就有吴融。吴融是越州山阴(今浙江绍兴)人,四十岁中举,先是入蜀平乱,后无功而返,回到朝廷任侍御史,又遭人谗言,贬荆南,恰好与贯休相遇。他们两人一见如故,相见恨晚,常常从早谈到晚,太阳下山也浑然不觉。贯休拿出自己的诗稿《禅月集》,托吴融作序。不久,吴融被召回京城。三年后,吴融完成《禅月集》序,天复三年(903)死于翰林任上。

## 前蜀的义子

公元902年,贯休与成汭因相处不睦,被放逐贵州。第二年夏天,成汭兵败而亡。七十一岁的贯休西行前往前蜀,受到了蜀王王建的莫大礼遇,从此结束了漂泊不定的生涯。这对贯休来说,如同走过严寒的荒原迎来阳光,从此,他成了那片土地的义子。

贯休前往前蜀,据说是早年在婺州相识的故友韦庄的推荐。韦庄小贯休四岁,少时凭一首《秦妇吟》名满天下,光启年间游访金华,与贯休结识。晚年,两人共同回忆婺州往事:"昔事堪惆怅,谈玄爱白牛(《法华经》中以白牛喻大乘)。千场花下醉,一片梦中游。耕避初平石,烧残沈约楼。无因更重到,且副济川舟。"(《和韦相公话婺州陈事》)诗中"初平石"是黄初平的遗迹,沈约所造的八咏楼,历经风雨变迁至今还在。韦庄辗转各处后于天复元年入蜀,很快为王建所倚重,便把贯休推荐给了蜀王。在蜀期间,两人相知相惜,贯休有《和韦相公见示闲卧》《酬韦相公见寄》等多首诗留世。

王建为贯休建造了龙华禅院,给他加封号,"大蜀国龙楼待诏明因辩果功德大师祥骥殿首座引驾内供奉讲唱大师道门子使选炼校授文章应制大师两街僧录封司空太仆卿云南八国镇国大师左右街龙华道场对御讲赞大师兼禅月大师食邑八千户赐紫大沙门"，这一串封号长达数十字，堪称"冠绝古今"，为历代僧人之最。贯休被尊为僧界领袖、文坛星斗。

贯休在前蜀十年，写下了大量歌颂王建治国安民的功绩，也写蜀中盛世。此时的贯休已到暮年，终于闻名天下，他的书画艺术也登峰造极，他在蜀中著名的绘画作品有《应梦十六罗汉》，此外还画过《释迦十弟子》，这些作品都曾在当地引起轰动。入宋后，宋太宗搜访古画，曾让人将《十六罗汉图》携至京城。北宋灭亡后，这些画作大概被金人所获，不知所终。

前蜀永平二年(912)十二月，八十一岁的贯休圆寂，葬于成都北门外。

## 艺术的绝地

确切地说，贯休的《十六罗汉图》是一个谜。现存的作品不过是传为贯休所作：日本高台寺藏绢本《贯休十六罗汉图》十六幅，日本宫内厅藏绢本《御物禅月十六罗汉画》十六幅，台北"故宫博物院"藏《贯休罗汉图》两幅，杭州圣因寺石刻《贯休十六罗汉像》(现存杭州孔庙文昌阁)，重庆博物馆藏《贯休罗汉图》，北京藏家于四川藏族聚居区收得的麻布本《贯休罗汉图》等。不论是真迹还是摹本，贯休的胡貌梵相《十六罗汉图》已流传千年，并不影响其为大家所喜爱，为世人所解读。

《十六罗汉图》是社会的画像。晋代开始有四大罗汉之说，唐贞观年间玄奘译出《法住记》后，十六罗汉受到佛教徒的普遍尊敬和赞颂，并被当作绘画的题材在民间广泛流传。佛经中，罗汉已断尽三界烦恼，灭除疑惑、痴情等扰乱人们内心清净、妨碍修行的有碍情感，但并无罗汉形象的具体描述。为此，罗汉的造像创作，从一开始就带有强烈的民间信仰性质，嬉笑怒骂尽显人间悲欢世态。画者为尽力表现罗汉的各种性格和姿态，在现实的老幼、胖瘦、高矮、俊丑等大量活生生的人间形象中加以提炼，进行艺术再造和加工。贯休的《十六罗汉图》就产生于这个时期，贯休笔下的罗汉形象怪异，甚至"见之骇瞩"，被尊为"出世间罗汉画"之鼻祖。

贯休是一位画家，在他的身上，流淌着中国人物画的血脉——继承阎立本的技法，吸收了吴道子的风格特点，追张僧繇、曹仲达的艺术之境。贯休经历了那个年代的所有苦难，同普通百姓一样流离失所，同很多士子官员一样四处漂泊。

贯休塑造的罗汉粗眉大鼻、长耳宽额，着力表现了罗汉的超凡入圣，丑形之中充溢着朴厚精奇，正如败枝残叶产生的生机。枯木是一种特殊的存在，它虽然衰败却能够新生复活，这种可以期盼的愉悦感在丑形之中被无限放大，蕴含着毫不掩饰的坦荡、脚踏大地的真实、畅怀于天地之间的豁然开朗。

《十六罗汉图》形象的表达和深刻的内涵流传千年，从画中，我们可以看到一个艺术家画笔与灵魂的统一，思想在宗教中的觉悟。

贯休是孤独的，他一直在唐末的荒凉中行走，在人间的冬天追寻希望。他创造的胡貌梵相是一个独特的艺术生命和信仰实体，他可以称为真正意义上的艺术家。法国作家、哲学家加缪认为，只有创造了独特艺术生命形态的，才可以称为艺术家，那么贯休当之无愧。

## 祈雨的灵物

贯休离开了人间，但他在人间的游方和行走远没有结束。在贯休离世四十八年后，大宋王朝结束了政权割据、战火四起的乱世，开始又一个盛世。流传人间的《十六罗汉图》不仅作为人物绘画作品引起了后人的关注，而且作为宗教意义的"法物"被百姓赋予了祈雨的功能，受到百姓的信仰。在《洞天清禄集》《茶山集》等古籍中，有当地人迎接怀玉山罗汉像祈雨的多处记录。有学者认为，正是因为罗汉像在民间形成的祈雨信仰，贯休的罗汉像才被不断摹仿、广泛传播，继而形成贯休罗汉像的伟大传统。这实在是一幅天地和历史安排的绝妙之作——贯休一生践行辅政为民、普度众生的目标，却生逢乱世漂泊一生，他留下的《十六罗汉图》却带着他未完成的心愿，留在人间普度众生。

故事还在继续。

"怀玉山版"《十六罗汉图》其中一套非常优秀的摹本，辗转来到明神宗慈圣太后的手中，慈圣太后又将此图赐给明末清初高僧紫柏大师，一套罗汉像从此由宫廷流入寺院，藏于一小庵，之后又被其他寺院重金购去，最终由其他寺院流入杭州孤山南麓的圣因寺。

清乾隆十六年（1751），乾隆帝第一次"南巡"，时值皇太后六十生辰，圣因寺住持欲将此画献于太后祝寿（罗汉不入涅槃有长生之意，最适合作祝寿之礼）。然而，如此珍贵而用意贴切的宝物，乾隆却以"佛刹旧物，应归名山"为由退还。

六年后，乾隆帝第二次"南巡"，在圣因寺再次见到《十六罗汉图》。这一次,他对《十六罗汉图》进行了细细研究,对此画的艺术水准大加赞赏,又将他认为因"沿译经之旧"致误的名号和位次,令章嘉国师加以订正,使其符合《同文韵统》规范,并在原题记下方亲自题写赞文记录此事。后来,又添加今译名号和题赞,使此画具有了时代的色彩。不仅如此,他还命人将此画送进宫中进行复制,存留摹本后再归还原画。

清乾隆二十九年(1764),圣因寺住持将罗汉图摹勒刻石,在原画题款下加注了乾隆修订的名号位次,这便是今天我们见到的、广为人知的石刻圣因寺罗汉像。石刻版本更有助于供奉瞻仰,也利于传播和示范,自此之后,这个经乾隆修订后的石刻版本成为具有范本性质的底本,成为清代中后期罗汉画创作和著录的标准。

石刻圣因寺罗汉像的拓片还被带去各个地方,做成新的刻本,如李宜民于清乾隆五十八年(1793)以圣因寺刻本为底本,在隐山华盖庵摹刻一套(现藏于桂林市文管会);乾隆命人制成了十六罗汉屏风等等。此后,《十六罗汉图》不同尺寸、不同媒质的版本广泛传播。

清嘉庆元年(1796),乾隆帝重阅《秘殿珠林续编》中著录的明《吴彬画十六罗汉图》,命董诰代为题跋,跋中提到此本与圣因寺藏本互有同一,称"佛法即空、即色,一切法化报身皆非我相,是一、是二原不必作分别想"。此时的乾隆帝大概也在罗汉图中顿悟、放下,不再执着于一或二。

## 斜阳的禅机

我在秋日的暮色里回乡,走进村口,成片的田野和田野里的天桥、树木、庄稼都已浸沐在金色的霞光里,田野那一头的西边,挂着一轮圆而大的红日……我开着车驶进这个霞光的海,带着某种神圣,再一次被家乡的晚霞洗礼,如同我的童年浸沐在家乡的屋舍田间。

霞光由金色变成红色,红色越来越沉,落日开始坠下天边。一股凉意涌上心头。我们这一生的使命,必然要离开生长的土地,就如这片土地上的庄稼和树木,长得越高,离地越远,这便是庄稼和树木的使命。家乡是用来想念的,我们每往前走一程,总要回头去看,再往前走一程,再回头去看。我们在想念中走远,在走远中想念。而我们的路,是山是水,是雨是晴,只有我们自己知道。

"行路难,行路难,日暮途远空悲叹。"我又想起贯休的漂泊。

贯休最后一次回到家乡,应该是他六十多岁那年觐谒钱镠之前,他大概能猜到觐谒的结果,但仍然要奋力一试,毕竟,浙西有他的故土。而这次觐谒,却成了他与家乡的诀别,从此他在异乡成为一名异子,葬于异土。

我去过贯休的家乡兰溪游埠,那是一个商埠重镇,那里的早茶远近闻名,天刚亮,老街的商店卸下的门板,就地摆成了简单的茶桌,老茶客们在桌旁一坐,时光就在这茶水蒸腾出的缕缕雾气中缓缓流去。世事无常,这里的早茶总是兴盛。如同贯休的思想在艺术中的觉悟,安于真实、安于无常,我们眼下无论面临怎样的境遇,都能有一颗喝茶的心,在老街来往的行人之中看透喜忧更迭、冬春交换。

隔着一千多年的时间,游埠已经很难找到贯休的气息。老街不远处的贯休祖庭,是家乡对游方在外的贯休在历史中一个遥远的挂念。贯休一生游方，自言"青山万里竟不足"，但思乡心切总盼归，曾道："家在严陵钓渚旁，细涟嘉树拂窗凉。难医林薮烟霞癖，又出芝兰父母乡。"(《别卢使君归东阳二首》)

贯休少时出家的和安寺早已不在，遗址上有一个叫寺基的村落。贯休研究者朱之辉在《后街的倒影》中写道："离游埠镇不远，有一个村子叫寺基。对游埠来说，这是一个富含文化意义的地方。因为这里原来的寺庙，是游埠历史上一个绕不开的存在——和安寺。只是这个寺庙在明代末年被毁，原因是什么不得而知。"

# 吕祖谦，"正人心"以复中原

宋政权退守南方，朝廷分裂为主和与主战两派，然而，要求恢复中原还于旧都的主战派在朝廷上却屡屡遭到主和派压制。吕祖谦明白，立场之争中不乏卖国求荣之徒，但国家实力不足以对抗却是无法逃避的现实。然而，"夫欲复中原之地，先有以得中原之心，欲得中原之心，先有以得吾民之心。求所以得吾民之心者，岂有他哉？不尽其力，不伤其财而已矣。今日之事，固当以明大义、正人心为本"。也就是说，要恢复中原之地，得先要恢复中原的民心，要得民心，必然得兴"明大义、正人心"的教育事业。这是吕祖谦与好友张栻的共识。

为此，吕祖谦的心血，都凝聚在"明大义、正人心"的教育事业上。他晚年作《六朝十论》，以魏晋时期偏居江南的六朝为例，阐述如何使弱势变强势、劣势变优势。这些用心为朝廷出谋划策的史论，至今闪耀着积极进取、后来居上的思想光芒。不得不说，这组史论也是吕祖谦的爱国长诗，字里行间流露出他深沉的家国大爱。

## 名门望族

北宋时期，吕祖谦的吕氏家族是中原士族中显赫的名门望族。史书记载："宋兴以来，宰相以三公平章重事者四人，而公著与父居其二，士艳其荣。"（《宋史·吕公著传》）吕祖谦的七世祖吕夷简、六世祖吕公著，先后在真宗、仁宗、哲宗三朝任宰相。而且，吕氏家学渊源，自吕公著始，"登学案者七世十七人"。南宋建炎年间，吕好问携全家南迁至临安府（今杭州），后吕好问死于桂州（今广西桂林市），遗骨移葬于武义明招山。吕祖谦的祖父吕弸中时始定居婺州古城将军路，即现在的酒坊巷西侧。

吕祖谦字柏恭，谥号成，学者称东莱先生。他生于靖康之变后十年，家国之变从小耳濡目染，自幼在心底埋下了图复雪耻的种子。他在少时曾经跟随父亲吕大器历职，到过黄州、池州等地，目睹王师北上的豪情壮志，这些经历无不荡涤着他幼小的心灵。他少时曾以《唐定襄道行军大总管破突厥露布》为题，模拟唐代大将军李靖口吻："臣闻春秋复九世之仇，世宗遵而命将；匈奴直百年之运，宣帝因以受朝。涤荡平城之忧，焜耀渭桥之谒。惟今盛烈，跨古鸿猷。遵制扬功，雪上皇之宿愤，陈师鞠旅，空大漠之鬼区。日月清明，华夷震叠。"这分明是借古讽今，抒发其雪耻抗金、恢复中原的宏大抱负和信念。

吕祖谦二十六岁时进士及第，同年又中博学鸿词科。他不靠家族的荫恩，凭自己的能力跻身朝堂，授左从政郎，改差南外郭宗院宗学教授，后升任严州学教授、太学博士兼国史院编修官、实录院检讨官、秘书省正字等职。

## 明招讲学

南宋乾道二年（1166），二十九岁的吕祖谦陪母亲曾夫人自池州沿水路到建康（今南京），曾夫人途中突然得病，逝于船上，吕祖谦于悲痛中扶丧回金华。第二年,吕祖谦把母亲葬于武义明招山,并离职筑屋给母亲守墓。五年前,他已将病故的妻子葬于此处,旧啼新丧,让吕祖谦陷入无尽的伤痛之中。

> 鸟声报僧眠,钟声报僧起。
> 静中轻白日,邈视东流水。
> 风月有逢迎,出门聊倚徙。
> 传遍南北村,松间横屐齿。

这是吕祖谦《明招杂诗四首》中的一首,在明招山的春夏秋冬,他把对母亲病逝的哀伤寄于明招山的风云水间,这里的四季流转也治愈并滋养着他的精神世界。

南宋偏安南方半壁江山,家国之变的阴影笼罩着那个时代。理学兴盛一时,吕祖谦与朱熹、张栻一起被誉为"东南三贤",他博采理学众长,深研史学,在社会上颇有影响。一群青年学子知道他在明招山守墓,不约而同前来拜见,并免不了求学。求学不在一朝一夕,吕祖谦便安排他们在明招寺住下。这群青年学子的到来,不仅打破了明招山的宁静,也改变了吕祖谦的人生轨迹。

吕祖谦在明招山为母亲守墓的三年时间里,是忙碌而充实的,他忙于讲学、写书,接待朋友。美好的时间总是过得很快,南宋乾道五年(1169),吕祖谦为母亲守墓的丧期已满,他离开明招山回朝廷服职,被授为太学博士。

三年后的南宋乾道八年(1172),吕祖谦的父亲逝世,葬于明招山,三十五岁的吕祖谦第二次离职守墓。他在明招山住下不久,过去曾来明招山问学的学子们又重新结伴而来。因为此时的吕祖谦担任太学博士,又是礼部省试考官,他的声望比以往更大,青年学子一批接着一批前来,讲学规模不断扩大,在外界的影响越来越大。青年学子之众,一度达到三百多人。当时的明招山已然成为东南地区的文化之山和教育胜地。

## 丽泽书院

吕祖谦先后担任过许多官职,但实际任期都不长,为父母守墓期间在明招山讲学后,他大多时间居住在金华。《东莱吕太史祠堂记》记载:"入仕虽久,而在官之日仅四年,故在婺之日最多。四方学者,几于云集,横经受业,皆在于此。"吕祖谦心系教育和国家兴亡,他的丽泽书院是他的讲学之地,也是会客之所。

嘉靖《金华县志》记载:"丽泽书院,在旌孝门外,宋吕成公作书堂于城西,观前二湖,悦焉,取《易》兑象之意,以'丽泽'名。"《宋史·吕祖谦传》云:"晚年会友之地曰丽泽书院,在金华城中。"据清康熙年间《金华府志》及(光绪)《金华县志》等史料,丽泽书院先后经历豹隐堂(塾斋学堂)、丽泽书斋(御史尚书宅、酒坊巷)、丽泽堂(婺城西南隅一览亭东北,今望江饭店后民房)、丽泽书院(易名扩建,今城东酒坊巷北西侧原太史第,今电子仪器厂)、丽泽书院(御赐重修迁址双溪之浒、原城东丽泽弄一带,今金华市博物馆前西侧)、丽泽书院(重建旌孝门外印光寺故址、原老火车路金新线交接处)、丽泽书院(宪宗敕名"正学"匾额正学祠)、崇正书院(扩建,学田数百亩)、滋兰书院(今酒坊巷以东侍王府前偏西,今老六中停车场,其后一直未变)、丽正书院(金华最高学府)、金华府中学堂、民国省立第七中学、新中国成立后金华市一中,共十次更名和六次迁址。

多次迁址，规模不断变大。特别是吕祖谦把御史尚书宅还给官府，搬到城隍庙附近居住后，扩建为五进三楹：一进门厅有五间（相当于侍王府大堂）；二进门面是吕成公祠堂三间；三进前轩三间；四进是丽泽堂，大堂悬挂"丽泽书院"匾额；五进为遗书阁，专门收藏吕祖谦的著作。相关资料记载，扩建后的丽泽书院的面积和规模，鼎盛时期有斋舍九十八间、学田数百亩、山林百亩、庄屋二所，与岳麓书院相近，成为金华最大的学府。

在南宋乾淳年间，丽泽书院一度成为全国人气最旺的学府之一，时氏《增修东莱书说》序曰："吕成公讲道金华，四方从游者千人。"吕祖谦《与刘衡州》云："近日士子相过聚，学者近三百人。"后人所推崇的"南宋时代最著名的老师"朱熹同期所收学生不过四十九人。士人学子"争相趋之"，连朱熹亦让其子朱塾受教于吕祖谦。丽泽书院兴盛一时，与湖南的岳麓书院、江西的白鹿洞书院、江西的象山书院并称为南宋四大书院。

## 《东莱博议》

明招讲学和丽泽书院的兴盛，离不开吕祖谦的讲稿《东莱博议》。

早年在明招山守墓、四方学子汇聚之时，没有任何准备的吕祖谦面对突如其来的数百名学子，不仅没有教室、宿舍，而且没有讲义。

这些学生都是读过"四书五经"的读书人，是为考"进士"而来。而科考的关键在于写一篇关乎"金榜题名"的文章。要写好这篇文章，必须磨炼出两种能力。一是思辨能力。考试文章的题材是考查学生对一件事、一个人的评判，在于有独立的见解、观点鲜明的分析和有条不紊的论证。二是表达能力,有了内容,还要有准确、生动、有力的表述,文采斐然。于是,吕祖谦决定亲自写讲义。他以《左传》为题材,分析历史人物和事件,把其中的"理乱、得失"用自己的观点来评述,一事一篇,主题鲜明。

吕祖谦的原创讲义,旨在启发学生的自我思考,提高思辨能力和表达能力,学生通过对历史的分析,明白"治乱、得失"的因由道理。他不仅使其明白科考文章该怎么写,而且使其知道他日若立于朝堂之上如何治理国家。这是一个非常长远而实用的教育目标,指向的不仅仅是科考,更是家国兴亡,其间裹藏着吕祖谦收复中原、治国理政的理想。这个讲义,他写一篇,讲一篇,让学生抄录一篇,在教学的基础上,又进行讨论、讲解,最后积篇成书。

吕祖谦的讲义有一种吸引人的魔力。

学子们在节日回家的时候,这些散页的讲义被亲戚朋友看见,他们被吸引,就借去抄阅,讲义因而一传十,十传百,不胫而走,很快就在社会上传播开来。因为这些内容为百姓所喜欢,官方和民间都反复刊印,促使其流传更为广泛。有学者已考索到三百六十多种不同版本和印次的《东莱博议》,其中以八十六篇的简本流传最为广泛,甚至传到日本、朝鲜等国家。

《东莱博议》又名《东莱左氏博议》《左氏博议》,原二十五卷一百六十八篇,后来明人删节作为通行本,为十二卷八十六篇,六万余字。就是这样一本书,除科举时代的"课试"学生外,社会上的知识分子也争相购阅,甚至儿童都喜欢阅读其中的浅显精美之句。其在社会上产生的深远影响可想而知。陆游说"舟中日听小儿辈诵《左氏博议》,殊叹仰也"。

# 浙东学派

吕祖谦在明招山持续讲学六年多的时间里，理学兴盛于世，反对理学的思潮也在蓬勃发展，陈亮、叶适等人的事功之学与朱熹理学产生争论。

吕祖谦重视"实材"，趋于功利。他在明招讲学时就明确地提出"讲实理、育实材而求实用"的"三实"，也由此而采取"讲史"，在历史中检验理学。他深入理学，又从理学中走出来，走向史学，汇入当时的社会思潮，逐渐形成自己的思想体系。

由于明招"讲史"不"讲经"的吸引力，引起了学术界的极大关注，各地名家造访不断，其中就有永康的陈亮，永嘉的薛季宣、陈傅良、叶适，宁波的沈焕，等等。

陈亮（1143—1193），字同甫，永康人。他的哲学思想属于朴素唯物主义，为永康学派代表。他提倡实事实功，有益于国计民生，讥讽理学的空谈"性命"，多次与朱熹书信论辨王霸之学和义利之学，主张农商并重的政策和有利于富民商贾的措施，高举"功利"旗帜。两人结为知己，倾吐烦恼，陈亮从此成为明招山常客。

薛季宣（1134—1173），字士龙，永嘉县人，永嘉事功学派创始人。他注重经世之学，不喜欢空谈义理，有军事、政治、经济等多方面的才能和丰富的学识。吕祖谦非常佩服他，赞"其学确有用"。

陈傅良（1137—1203），字君州，瑞安人，永嘉学派学术发展承上启下的关键人物。他把陈亮的功利主义思想归结为功到成处便是有德，事到济处便是有理，对后世影响很大。他与吕祖谦同岁，入太学时，与吕祖谦成为好友，并为吕祖谦所欣赏。

叶适（1150—1223），字正则，永嘉人。师承薛季宣、陈傅良两位永嘉事功学派的先辈，把永嘉事功之学系统化，成为永嘉事功学派的集大成者。他曾严厉批评朱熹和陆九渊的理学观点。他和陈亮的学说影响着后世温州、浙东乃至整个中国。

沈焕（1139—1191），字叔晦，世居浙江定海，后徙鄞县。与舒璘、杨简、袁燮并称为"甬上四先生"。沈焕与沈炳兄弟均亲受吕祖谦兄弟之教。

以上五位是浙东所属三个地方学派的重要人物。他们都以明招讲学为契机，先后来到明招山中，向吕祖谦问学请益，交流学术思想。各个学派虽各有地方色彩，但大家本着"求同存异"的原则，以"经世致用"与"务实"为核心，奠定了浙东学派形成的思想基础。故有学者认为，有了婺学，才有了严格意义上的"浙学"。

南宋乾道八年（1172），吕祖谦主持礼部科举考试，慧眼识才举荐陆九渊进士及第。南宋淳熙二年（1175），吕祖谦前往福建访问朱熹，为了使后学便于领会新儒家义理，两人择其要编撰成《近思录》，这部书后来成为理学主要教材之一。吕祖谦结束其福建之行，朱熹亲自送他回浙江。途经江西上饶鹅湖寺时，吕祖谦特邀陆九渊兄弟来会，意在消除朱、陆的思想分歧，实现理学阵营的内部统一，但是未能如愿。"理学"与"心学"的对峙状态一直持续到明末。鹅湖之会，在中国思想史上占有重要的地位，吕祖谦是这一学术盛会的发起人和主持人。

## 后世影响

吕祖谦明招讲学不仅培育了大量人才，还深刻影响了武义的人文性格和经济社会发展。据记载，吕祖谦明招讲学之前，武义少有进士，南宋即出进士四十四人，并有赵宅"一门六进士"的美谈。明招讲学开启了武义的教化之风，促成了武义由农耕文化向耕读文化的转变，而武义人的务实、包容，正是吕祖谦经世致用理念的体现。

吕祖谦去世后，他的门人遍及四方，其中不少门人接过吕祖谦的衣钵，建精舍辟书院继续教授学生和门徒。《宋元学案》记载："（楼日方）从东莱于婺，尝以其学教授乡里，从游者数百人。"吕祖谦之学传遍全国，后人为了表达对吕祖谦和金华丽泽书院的敬仰和怀念，一些书院直接取名为"东莱""成公"或"丽泽"。吕祖谦创建丽泽书院后，宋、明、清三朝又出现了十二所"丽泽书院"，分布在浙江、湖南、山东、山西、广东、广西、甘肃等地。有些书院还含有对吕祖谦和丽泽书院的纪念之意，如宣成书院、丽下书院。另有一些书院，在内部设立独立区域纪念吕祖谦与丽泽书院，如东林书院的讲堂取名为"丽泽堂"，永康的五峰书院内建有"丽泽祠"。还有不少书院奉吕祖谦为祭主，如浙江的包山书院、衢麓讲舍等。

《宋元学案》等书将吕祖谦及其兄弟门人统称为"明招学者"，全祖望称吕祖谦讲学为"明招一派"。如今，对明招文化的研究活动已扩大到全国范围，"明招"二字的文化内涵历经时代变迁仍然薪火相传。

附:

# 丽泽书院学规

书院是中国古代富有特色的教育机构和学术研究机构。在漫长的历史发展过程中,书院在众多方面都已积累了丰富的经验,书院学规便是其中的亮点之一,它是学院制度化的集中体现。学规,又称学约、学则、规约、教约、揭示等,是由书院管理者依据书院的办学宗旨、教学方法和教育内容等方面的要求和标准而专门为诸生制定的书院规则,目的在于使"诸君其相与讲明遵守而责之于身"。学规内容大致包括:第一,建立书院的宗旨和理念,以及学习方向设置,制定正确的理想目标;第二,规定所有学生的学习、修养和与人打交道的原则和方法,给学生提供帮助;第三,治学、为学的方法和门径。可以说,学规就是学院的灵魂所在,它的性质和作用是不言而喻的。

古代书院学规有不少,比较有名的就是朱熹制订的《白鹿洞书院揭示》,但史料记载,《白鹿洞书院揭示》制订于公元1180年。而早在南宋乾道四年(1168),著名南宋教育家吕祖谦就制订了《丽泽书院学规》。丽泽书院学规虽不及朱熹为白鹿洞书院所制订的学规影响大,但它是中国古代最早的书院学规之一。自此以后,制订学规的做法被历代书院所承袭,成为书院教学管理的一个定制,在书院的日常管理中发挥着无可替代的作用。

1.《丽泽书院学规》的基本内容

浙江金华丽泽书院创建于南宋乾道初年,原是吕祖谦讲学会友之所,原称丽泽堂。其后扩建为丽泽书院,成为南宋四大书院之一,宋理宗赵昀御赐"丽泽书院"匾额。书院历经元、明,在中国古代存在了四百多年。

　　吕祖谦非常注重书院的制度建设,他认为"学者必以规矩,大抵小而技艺,大而学问,须有一个准的、规模","百工皆有规模,今之学者反无规模,始不知始,终不知终,不知成就亦不知不成就,此最为学者大病",强调"学有规,行有矩"。在此基础上,他制订了《丽泽书院学规》。其文集中的学规一共收录五种丽泽书院"规约",记录了吕祖谦对书院制度化建设和发展所做出的努力。为了更好地研究《丽泽书院学规》的内容,谨移录两个内容较为具体的规约,如下。

　　(1)乾道四年(1168)九月规约。

　　凡预此集者,以孝悌忠信为本,其不顺于父母,不友于兄弟,不睦于宗族,不诚于朋友,言行相反,文过遂非者,不在此位。既预集而或犯,同志者规之;规之不可责之;责之不可告于众而共勉之;终不悛者,除其籍。

　　凡预此集者,闻善相告,闻过相警,患难相恤。游居必以齿相呼,不以丈,不以爵,不以而汝。会讲之容,端而肃;群居之容,和而庄。(箕踞、跛倚、喧哗、拥并,谓之不肃;狎侮,戏谑,谓之不庄)

　　旧所从师,岁时往来,道路相遇,无废旧礼。

　　毋得品藻长上优劣,訾毁外人文字。

　　郡邑政事,乡间人物,称善不称恶。

　　毋得干谒、投献、请托。

　　毋得互相品题,高自标置,妄分清浊。

　　语,毋亵、毋谀、毋妄、毋杂。(妄语,非特以虚为实,如期约不

信,出言不情,增加张大之类皆是。杂语,凡无益之谈皆是)

毋狎非类。(亲戚故旧或非士类,情礼自不可废,但不当狎昵)

毋亲鄙事。(如:赌博、斗殴、蹴鞠、宠养扑鹑、酣饮酒肆、赴试代笔及自投两副卷、阅非僻文字之类,其余自可类推)

(2)乾道五年(1169)规约。

凡与此学者,以讲求经旨、明理躬行为本。

肄业当有常,日纪所习于籍,多寡随意。如遇有干辍业,亦书于籍,一岁无过百日,过百日者,同志共摈之。

凡有所疑,专置册记录,同志异时相会,各出所习及所疑,互相商榷,仍手书名于册后。

怠惰苟且,虽漫应课程而全疏略无叙者,同志共摈之。

不修士检,乡论不齿者,同志共摈之。

同志迁居,移书相告。

从这两个学规的内容来观察,学规有不少特点。第一,学规在第一句就写明"凡预此集者""凡与此学者",这表明书院的学规是为学生及老师共同设立的,不仅学生要遵守,老师同样也不例外,体现了师生关系上的平等。第二,突出道德上的要求,基本要求是孝悌忠信。第三,要求学生之间互爱互信、相互帮助。第四,衣着上要得体。第五,尊敬师长。第六,要求学生洁身自好,不得接触不好的事情。

总的来说,这两个学规的内容涉及多方面,不但内容丰富,而且非常具体。既有一系列日常的行为准则,也包含了考试上课等方面的纪律;不仅提出了书院的教学宗旨,也揭示了诸生为学的方向;既对诸生提出了正面的要求,同时也辅以相应的处罚方法。这样内容具体的学规对于规范诸生日常行为,提升学生思想道德水准,都有巨大帮助。

2.《丽泽书院学规》的教育理念

(1)重视道德教育。

在中国古代社会里,德一直都是评价人才的第一原则,重视道德教育历来是中国教育的优良传统。例如在孔子时,就把德作为评价教育得与失的一个主要标准。《中庸》言:"天命之谓性,率性之谓道,修道之谓教。"修道也渐渐成为书院教育的办学宗旨。书院的创办者深知道德的重要性,所以主张诸生"凡学以德优先,才能次之,诗文末焉",将道德教育作为书院的中心任务,之后才是六艺之文。生徒们也深知这一点,所以作为体现书院办学宗旨的学规,在道德教育方面也是浓墨重彩。

书院教育并不是为了培养学生做官这么简单,而是为了治国安民。当官也不是为了个人的荣华富贵,而是为了"致君泽民"。书院教学并不是为了让学生走上仕途,以期功名利禄,而是为了培养经世致用之人才,因此书院始终把道德教育放在书院教育的首要位置,道德第一,学业次之。

吕祖谦首先要求诸生必须要有"学以德行为先"的思想,认为只有"先品行,后文艺"学生才能学到圣人先贤的思想精髓。对师生的基本道德要求是忠信、孝悌、友善、诚信、言行一致。换句话说,无论是老师还是学生,道德是他们必须通过的第一道关口。对于那些"不顺于父母,不友于兄弟,不睦于宗族,不诚于朋友,言行相反,文过遂非者,不在此位。既预集而或犯"的生徒,吕祖谦采取的办法是规劝、责备、公布,最后是除籍。

此外,在日常的教学活动中,吕祖谦也非常重视通过传授儒家经典来塑造诸生的人格。因此儒家经典是吕祖谦首先倡导的教育内容,从流传下来的《丽泽讲义》来看当时的教学内容,我们发现基本是以儒家经典为主的,比如《诗经》《礼记》《周礼》《尚书》《论语》《易经》《孟子》等。

在教学方式方面,他也采用了历代的方法。比如在讲解《周礼》这一儒家经典时,吕祖谦就采用了"三德三行"教学,认为这才是抓住了教学的根本,"教以三德三行以立其根本,根本既立固是纲举而目张"。这里说的"三德"是"至德以为道本""敏德以为行本""孝德以知逆恶","三行"指的是"孝行以亲父母""友行以尊贤良""顺行以事长"。"三德三行"的教学内容,其核心仍是以"忠孝"等为代表的封建伦理道德,也就是他所主张的为学要以"孝悌忠信为本",以"明理躬行为本"。

如乾道四年(1168)九月规约提出:"凡预此集者,以孝悌忠信为本。"后又于乾道五年(1169)年任严州府学教授时订"学规",其中首先写明的是"凡与此学者,以讲求经旨、明理躬行为本"。孝指子女对父母的孝顺、顺从,而悌则是兄弟之间相互友爱,特别强调为弟要礼让于兄,处处尊重兄长,通过此来规范人的行为。

除了通过传授儒家经典来塑造诸生的理想人格外,吕祖谦认为光是书本上的学习是不够的,因此还特别强调"躬行","学者以务实躬行为本",就是要求诸生在思想道德修养等方面,不仅要在书本上诵说探求,还必须在日常生活中认认真真地去做,积极进行实践。

总的来说,《丽泽书院学规》的一大特点就是重视成员的道德要求,书院通过各种方式对生徒进行思想道德教育,不管是入院标准还是内部的言行要求及培养,都将道德素质放于首位。

(2)"修身""治国"的培养方式。

任何一种教育都有自己的人才培养方式和目标,丽泽书院也不例外。在《丽泽书院学规》中,吕祖谦所确立的书院培养目标,首先要求"修身、齐家",其次是"治国平天下"。

在儒家思想里,立志是重要的人生修养途径。所谓立志,就是立圣贤之志。学子在为学过程中应树立学为圣人的宏伟目标,树立远大志向,如此才有前进的动力。在中国传统的教育中,儒家一直非常重视学子们的志向与抱负。志是心之所向,对学子们的成才至关重要,所以历代书院都非常重视要求学生树立远大的志向,丽泽书院也不例外。在学规中,吕祖谦谈到了立志对为学和做人的重要性,鼓励学生把立志作为为学为人的第一任务。他曾说:"学者志不立,一经患难,愈见消沮,所以先要立志。"

"修身"一词,也就是孔子所说的"学为己",即通过学习来养成高尚的品格和节操。因此,书院在日常教育中特别重视诸生伦理道德的熏陶,注重日常待人处事接物的锻炼,强调修身养性、克己律行,所有言行举止必须符合社会道德标准。比如在学规中就明确规定诸生在书院中不同的场合要衣着得体,整体形象要靠合适的行为举止来建立;要求成员不随便品评他人,不言语伤害人,实事求是;要求不能接触不好的事情,如赌博、斗殴、蹴鞠、宠养扑鹑、酣饮酒肆……

经世致用是书院培养人才的目标。为了培养治国人才,吕祖谦强调"讲实理、育实材而求实用"。他认为:"百工治器,必贵于有用,器而不可用,工弗为也。学而无所用,学将何为也?"他仍以周朝的教育为例,说明当时为培养有用的他日能立于朝廷的良公卿,除教以"三德三行"外,还"教以国政,使之通达治体……故国政之有中者,则教之以为法;不幸而国政之或失,则教之以为戒。又教之以如何整救,如何措画,使之洞晓国家之本末源委,然后用之,他日皆良公卿也"。

吕祖谦重视对历史文献的研究,把历史教学作为其教学的另一个重要内容,其目的不外乎使诸生"多识前言往行以蓄德",增长知识、学问,帮助统治者从历史中取得经验借鉴,以避免重蹈覆辙,这也体现出吕祖谦经世致用的治学特点。

他把教育与振兴国家、雪耻图强联系在一起,认为书院传道授业的目的不是帮助学生应付科举考试,而是让学生通过掌握丰富的知识,学会分清是非,养成高尚的品格和节操,成为国家的有用之才。

(3)有关为学的思想。

既然是学规,其主要内容必然会涉及"学什么"及"怎样学"这两大问题。

①为学内容。

首先,尊经重史。儒家经典是书院最主要的学习内容,其次就是有关历史方面的书籍,如《史记》等。丽泽书院的教学内容,突出的特点就是重视对中原文献的研究,即对古代历史的学习。在众多史书讲解中,讲得最多的莫过于《史记》。在历史文献的教学方面,吕祖谦经常给学生一些学习方法上的帮助。他告诉学生"观史先自《书》始,然后次及《左氏》《通鉴》,欲其体统源流相承接耳"。"学者观史各有详略,如《左传》《史记》《前汉》三书,皆当精熟细看,反复考究,直不可一字草草。"

重视对历史文献的学习,是受吕氏家学传统的影响,由于吕祖谦在丽泽书院的讲学,这个传统不仅成为丽泽学院在教学内容方面的特色,而且也成为婺学学派的突出特色。

②为学方法。

书院实行"会讲制"。会讲时,学生必须遵守纪律,态度严肃认真。主讲人是吕祖谦,所讲内容由其弟吕祖俭或其他门人记录,后来遂传为《丽泽讲义》。他在学规中明确规定"禁止诸生私相授受",是担心有些学生自己还没有全面地掌握诗书的精旨,就将心得传授给他人,这样会影响他人对知识的正确掌握和理解。

他在教学中采用"讲贯通绎"的方法,要求自己"反复讲论至释然无疑而后止"。对于讲解深浅程度的处理,吕祖谦要求从学生实际出发,要有"次第",不可太高,亦不可太低。他认为"大抵为学,思索不可至于苦,玩养不可至于慢,专心致志,久久自然,须渐有趣向也"。

同时书院非常注重自学,在学生自学的基础上,老师再加以一些方法上的指导,比如老师经常根据自己的阅历归纳出一些读书经验,指导学生应读什么,哪些先读,哪些后读,帮助学生提高读书自学的效果。循序渐进和因材施教也是吕祖谦比较重视的两个教学方法,在书院的日常教学活动中也多有体现。

3.《丽泽书院学规》所倡导的学风

(1)兼容并蓄,求同存异。

丽泽书院之所以有着不持门户之见、互相取长补短的学风,是因为吕祖谦认识到即便是志同道合的人,在一些学术观点上也免不了产生一些意见上的不一致，就算是自己，中午考虑过的问题，到了晚上再思考，也会觉得有需要完善的地方。所以他主张学者对于不同的观点，要认真加以研究，这样才能做到开阔眼界。如果仅凭个人的喜恶来决定向背，所取得的知识必然有限。

所以吕祖谦经常教导他的学生，希望他们多与自己意见不同的人接触，同他们共同讲习。不同意见的人相处，相互之间的影响是潜移默化的，取长补短亦在其中。他曾说："吾侪所以不进者，只缘多喜与同臭味者处，殊欠泛观广接，故于物情事理多所不察，而根本渗漏处往往鲁莽不见，要须力去此病乃可。"在这里，他把学业的"不进"归结于对各种不同的学术观点不能"泛观广接"，而只"喜与同臭味者处"。他批评"道不同不相知"的思想，主张对不同的道应认真加以研究，弄清楚各家观点的得与失，这样才能"借人之短，以攻我之短，借人之失，以攻我之失"。相互间取长补短才有利于学业上的进步。

（2）经世致用，培养实材。

这是丽泽书院的办学宗旨，进而形成了"讲实理、育实材而求实用"的鲜明特色。北宋亡国，南宋偏安江南，吕祖谦认为要匡救衰世，驱逐异族入侵，必须振兴教育，只有这样，才能拯救衰世。在对教育的态度上，他主张把教育摆在重要位置，并明确指出教育的职责在于培养实用人才，"教以国政，使之通达治体"。在对学生的教导上，也不仅仅局限于传授知识，更要求学生关注现实，关注国事。他倡导治经史以致用，主张"学者须当为有用之学"。从经世致用的观点出发，吕祖谦认为求学读书必须以"经世致用"为务，同时要求诸生必须具备"惇厚笃实"的学风，并在学规中规定"毋得互相品题，高自标置，妄分清浊"，为的就是反对诸生相互吹捧、虚伪的作风,倡导脚踏实地的学风。

吕祖谦主张以社会现实问题为切入点,在历史中寻找问题的答案,"多视前言往行,考迹以观其用"。吕祖谦是一位以研究历史著称于世的史学家,他一生编写了大量的历史著作,并以此来教授后辈学生,著有《东莱左氏博议》二十五卷、《春秋左氏传说》二十卷、《春秋左氏传续说》十二卷,还著有《历代制度详说》《大事记》等。此外还鼓励诸生认真研读《史记》等史学著作。他对史书的学习和编写已逐步脱离了理学家空谈性命义理的窠臼,主张了解研究历史必须从具体的历史出发,只有这样才能增长知识,提高处世应事的能力,总结历史发展规律,以利于经世致用。他要求学生在看史的过程中,光看是不够的,还要置身其中以"见事之利害,时之祸患"并"掩卷自思",看自己如遇此类情况该如何处理,这样便可从中学习治理国家的知识。

(3)明理躬行,匡救衰世。

吕祖谦从其认识论和人性论的观点出发,认为教育的最终目的就是培养可以"明理""治心",改变有偏的气质,恢复本然的善性的人才,这也要求受教育者自觉地从思想上与封建等级制度保持一致,能以封建道德律己,这也是针对南宋国势衰微、士风愈下而提出的。

吕祖谦认为要匡救封建之衰世,必须要"明帝学",也就是"明天理"。人们之所以不能遵循封建伦理纲常的原则行事,主要是因为不知其高明而误入歧途。教育就是为了帮助人们从"见之不明"到"见之果明",分清"坦途"和"陷阱"的区别。他说的"坦途"就是封建主义的道路,他的这一思想,在《丽泽书院学规》中就有具体表现,比如在乾道四年九月规约中就明确指出:"凡预此集者,以孝悌忠信为本。"后在乾道五年规约中又提出："凡与此学者,以讲求经旨、明理躬行为本",所谓"明理躬行",就是对孝悌忠义要身体力行,努力去实践那些日常伦理准则。

吕祖谦希望通过对诸生理想人格的塑造,激发学生的道德意识,进而促进学生自觉地投身于道德实践。这些思想,在丽泽诸儒中多有体现。丽泽诸儒中很多人成了国家的栋梁,成为吕祖谦所希望的立于朝廷之上的"良公卿"。他们在国家危难之时犯颜直谏,慷慨捐躯,或为官清廉,体恤百姓,治世救民。

4.《丽泽书院学规》的现实意义

近年来,我国的高等教育取得了长足的进步,但也带来了如教学方式单一、学术气氛不浓厚、良好学术氛围缺乏等一些问题,观古代书院,作为中国古代教育的成功范例,在许多方面有鲜明的特色。因此,研究学习古代书院的优良传统,对中国目前的高等教育起着一个良好的借鉴作用。

(1)教学与学术研究相结合,体现开放性。

书院既是教授知识、培养人才的地方,也是学术研究机构。书院的主持人,既负责日常书院的组织教学管理,同时担任书院的主讲者,又多是当时的著名学者,他们用学术研究促进了教学,又以教学带动了学术研究,这是我国古代历代书院的精髓所在。书院把读书与治学、教学与研究紧紧结合在一起。书院平时授课除了自己的主讲者以外,还鼓励不同学派一起讲学,共同探讨一个学派的长处或辨析不同学派的主张。这样一来,书院成为孕育新思想,产生新学派的孵化器。书院盛行讲会制度,这使得书院打破门户之见而博采众家之长,有利于扩大学术交流,活跃了学术氛围,进而提高了教学水平,最终学术上出现了百家争鸣的繁荣景象。

在中国如今的高等教育体系中,我们认为,虽然现在许多大学热衷于举办各种各样的讲座,也比较成功,但也存在一些需要改进的不足之处。首先,一些学校没有建立完善的听讲制度,以至于一些讲座的参与者只有少数。其次,脱离社会现实的讲课,很难调动学生听讲座的兴趣。再次,在讲座的过程中仍然存在"门户有别,缺乏交流"的现象,各学校间或学校内各专业间的交流沟通非常有限。这样一来,很难激发学生的潜能,严重阻碍中国学术的进一步发展。

因此,学校可以采取相应的措施督促学生听讲座,并注重学术交流与社会现实相结合,突破学派、国别之限,加强与国内外高等院校、科研机构的学术交流。同时,还应促进师生进行学术交流、探讨和争鸣论辩。倡导开放式办学,实行门户开放,让社会民众也参与到学术聚会中来,扩大学术社会化的程度。同时还应做到兼收并蓄,博采众家之长,促使高校自由活跃的学术氛围的形成。

(2)讲习与自学的结合,重视自学。

"读书百遍,其义自见",一直是中国传统教育的重要方法和基本手段。丽泽书院也是如此,虽然书院大师往往给学生面对面授课,但往往只是阐明精髓,从旁诱导启发和督促,更重要的是由学生自己领会。吕祖谦就主张为学要另辟蹊径,自己独立研究,曾提出求学贵在创造,最终超出常规而有新的见解,提供新的途径。

他曾指出:"今之为学,自初至长,多随所习熟者为之,皆不出窠臼外。惟出窠臼外,然后有功。"当然,鼓励自学,并不是说老师对学生的读书不闻不问,只是强调学生读书重在自己理解,而教师则针对学生的难点和疑点进行讲解,通过个别辅导,集不同学生提出的不同问题有针对性地加以点拨指导,调动学生的思维,培养学生的独立思考和创新的能力,以帮助学生提高读书的成效。

从当前我国的教学情况来看,由于长期受应试教育的影响,大多数学生养成了一种被动接受老师教的学习内容的习惯,即老师教什么,学生学什么,学生学习的兴趣与积极性的培养更是无从谈起。因此,在日常教学中应该借鉴古代书院的这种自学为主的教学模式,使课堂教学由"一言堂""满堂灌"转变为互动性的"群言堂",充分彰显学术民主气氛。课堂上积极鼓励学生勤于思考,引导学生积极提问,使广大学生实现从被动学习到主动学习的转变。注重培养学生制订自我学习计划的能力,认真做好预习和复习工作等,从各方面管理好自己的学习,使自己始终处于教学活动的中心位置。

(3)修身和为学的结合,强调修身。

包括丽泽书院在内的中国古代书院特别注重对学生的人文教育,修身与为学并重。书院首先强调对学生进行道德品质的教育,再者希望学生通过学习来提高自己的学问和德行以整治自己,养成高尚的品格和节操。因此书院在日常教育中特别重视对诸生的伦理道德的熏陶,注重日常待人处事接物的锻炼,强调克己律行、修身养性,所有的言行举止都必须合乎社会道德标准。学院这种以德为先的人才培养方式跟现在提倡的"素质教育"如出一辙,总的来说,就是强调道德教育,培养学生远大的理想和良好的道德行为,提高他们的心理素质和道德素质,而不是简单传授课本知识。

反观当今的大学教育,往往强调为学是为学,修身是修身,把修身与为学割裂开来,造成轻人文教育的倾向。这样做的一些影响是,导致我国的青年一代出现一些道德缺失、价值观错位的现象。古代书院修身与为学紧密结合的办法,可以给我们提供一个重要的解决问题的思路。比如道德教育可以渗透到学生的学习和生活中,重视对学生做人、德行等基本素质的培养。

纵观我国古代书院的教学,虽然有不少缺陷,比如本质上是以维护封建统治为目的,教育内容略显狭窄,等等,但作为中国古代社会特有的组织形式,书院对我国的学术文化发展、人才的培养起到过巨大的促进作用,在漫长的发展过程中积累了许多物质、精神文化财富,学规便是其一,对当今教育改革和发展有着重要的借鉴意义。

# 陈亮，复仇自是平生志

陈亮出生之时，"靖康之难"已过去十六年。他生活在一个没落的地主家庭，从小在恢复中原的社会情感中成长，十九岁时就写下了著名的《酌古论》。之后，他以布衣之身为恢复中原五次上书朝廷，为国家和民族复兴倾其一生。

## 窘迫学子

陈亮曾经自述，他的八世祖居住在永康前黄，以种田为业，六世祖为当地的中小地主，在乡里颇有名望。高祖为六世祖最小的儿子，早亡。曾祖是一个普通的农民，在靖康之难中为国捐躯。祖父终生科举未果，父亲也是平民。陈亮这一支，又是家族中较为贫寒的一支，陈亮的曾祖、祖父、父亲三代，一直依靠六世祖的长子一支接济。南宋乾道元年（1165）至乾道四年（1168），陈亮家中屡屡遭难——先是母亲去世未葬，接着父亲下狱，不久祖父和祖母又相继去世，家道贫困，甚至于无钱安葬。"三丧在殡，而我奔走，以救生者。"这便是陈亮作为一名学子时的处境。

南宋乾道六年（1170），陈亮礼部会试不第，生活更加贫困，曾经尝试通过开私塾教书养活全家，然而，因乡亲们不相信陈亮所学，他很难招到学生。古往今来，社会总是如此，真正能辨别事物本身的人总是寥寥无几，绝大多数都是通过别人的眼光间接看待这个世界。不过，陈亮也确实混得太差，乾道九年（1173）父亲去世时，他依然贫穷，需要靠贷钱葬父。贫困、力田、借贷、宗族救济、读书、科举落第、教书讲授，这些都是青年陈亮逃不脱的人生课题。

人生苦难重重，孤独与悲郁结伴而生，陈亮在《与吕伯恭正字书》中说："亮本欲从科举冒一官，既不可得，方欲放开营生，又恐他时收拾不上；方欲出耕于空旷之野，又恐无退后一着；方欲俯首书册以终余年，又自度不能为三日新妇矣；方欲杯酒叫呼以自别于士君子之外，又自觉老丑不应拍。"无数的矛盾在陈亮的心里冲突："每念及此，或推案大呼，或悲泪填臆，或发上冲冠，或拊掌大笑。"大呼、悲泪、冲冠、大笑，这是彼时陈亮真实的内心，如惊涛拍于心岸，如块垒填于心胸。

他内心的矛盾远不止这些，他鄙夷科举又不舍科考——他认为科考内容无用，程式规矩太多，压抑束缚了学子的个性和才能，至于朝廷通过科考取程文之士只能是人才日趋凡下，无力于国家大计，陈亮自己也曾决计主动退出太学，同时，他又始终对仕途恋恋不舍，他在死前一年仍然参加了科举。他蔑视富贵又需要富贵——他曾因治国建议不被采纳而主动放弃朝廷给他的官职，而当他晚年终于状元及第荣归故里时，与弟弟相对感泣，曰："使吾他日而贵，泽首逮汝；死之日，各以命服见先人于地下，足矣！"

更重要的是，陈亮满腔忧国之志、经济之怀，却人微言轻。"一夫之忧欢悲乐，在天地间如蚊虻之声无几，本无足云者。"但他又不想假人以自高，宁可擎拳撑脚，独来独往于人世间。

## 另类的"士"

南宋淳熙五年（1178）前后，陈亮经历种种窘迫生涯后开始从事商业经营。他在淳熙五年写给石天民的信中说："亮为士、为农、为商，皆踏地未稳。"南宋淳熙九年（1182），朱熹约陈亮会面，陈亮未能应邀，并写信说明原因："亮亦架数间泼屋，自朝至暮更不得头举，况能相从于数百里之外乎……开岁犹未毕工，又复理会些什物之类，凡五阅月亦未得了。"此时的陈亮营修小园，架构亭子，忙于整顿室宇、什物，可谓不亦乐乎。他在南宋淳熙十年（1183）《复吕子约书》中说："亮已交易得京口屋子，更买得一两处芦地，便为江上之人矣。"足见陈亮的商业经营取得了很大的进展。

到南宋淳熙十二年（1185）时，陈亮只是在家乡永康的产业，就已至少有耕田二百亩、园林陂池约百亩。十年间，陈亮的经济和生活状况发生了翻天覆地的变化，由贫困一跃成为"富豪"。

陈亮是靠什么发家致富的呢？有学者指出，他的商业经营包括放高利贷和土地买卖。陈亮在《谢郑侍郎启》中曾说："晚乃自安于一廛。身名俱沉，置而勿论；衣食才足，示以无求。人真谓其有余，心固疑其克取。而况奴仆射日生之利，子弟为岁晏之谋。"又曰："岂求田问舍之是专，亦闭门造车之可验。一毫以上，通缓急于里间。"由此可见，陈亮积极求田问舍，其奴仆子弟也都参与到其商业性经营中来了。陈亮还从事里间的放债活动，已有当地富商的社会身份。

"士、农、工、商"是孔子以来就有的对人的社会地位和社会角色进行的划分，其中"商"排在最末。到宋代，仍把奔波取利的商人视为市井小人。四民之中"士"为贵,"士"若不能由科第上升为士大夫,则其次或教书或务农,而从商则是排在最末一流。"士、农、工、商"这一四民观是中国文化传统在生存方式认识上的共同价值取向,陈亮作为四民当中最贵的"士",却从事着最末一流的"商",而且做得有声有色,这是有悖常理的。不得不承认,陈亮有着过人的胆识和能力。他另类的生存方式,不仅给士人阶层注入了新的活力,同时为商人阶层带去了新的希望。

## 冲击"四民"传统

陈亮的这一另类选择和实践,给"士"的生存方式带来了观念上和行动上的巨大冲击。陈亮从事商业之前,既是好友又是老师的吕祖谦曾写信劝阻:"闻便欲为陶朱公调度,此固足少舒逸气,但田间虽曰伸缩自如,然治生之意太必,则与俗交涉,败人意处亦多,久当自知之。恃契爱之厚,不敢不尽诚也。"对待这个问题,朱熹也有类似的看法。有学生问:"吾辈之贫者,令不学子弟经营,莫不妨否?"朱熹说:"止经营衣食亦无甚害,陆家亦作铺买卖……但此等事,如在门限里,一动着脚,便在此门限外矣。缘先以利存心,做时虽本为衣食不足,后见利入稍优,便多方求余,遂生万般计较,做出碍理事来。须思量止为衣食,为仰事俯育耳。此计稍足,便须收敛,莫令出元所思处,则粗可救过。"朱熹的回答颇耐人寻味,在表示有限度的理解之外,他更多的是对经营衣食流露出担忧、警觉、戒惧的心理。

朱熹、吕祖谦是陈亮的师友,又是一代名儒,可见陈亮当时所处的社会环境。即便如此,陈亮依然我行我素,把"亦士亦商"的日子过得有滋有味。他不仅大张旗鼓地做,而且大张旗鼓地说。他认为财富和仁义并非对立,明确追求财富的合理性、正当性。他说,"'何以守位曰仁,何以聚人曰财'。仁者天下之公理,而财者天下之大命。"

陈亮还提出了重商的观点,主张农商一事、农商相藉,二者并重。他称说:"古者官民一家也,农商一事也。上下相恤,有无相通,民病则求之官,国病则资诸民。商藉农而立,农赖商而行,求以相辅,而非求以相病,则良法美意何尝一日不行于天下哉。"他的一些政治主张还直接代表了富商阶层的利益:"民田既已无制,谷不能以皆积;兵民既分,力不能以自卫;缓急指呼号召,则强宗豪族犹足以庇其乡井;而富商大贾出其所有,亦足以应朝廷仓促之须。"又说:"今所在豪民,谷无五年之积,锱无巨万之藏,而商贾之能操其奇赢者盖已如晨星之相望,而平民日以困,货财日以削,卒有水旱,已无足依,而况于军旅乎?"

此外,陈亮的言语还直指传统,说宋孝宗实行的艺祖法度是"于文法之内,未尝折困天下之富商巨室,于格律之外,有以容奖天下之英伟奇杰,皆所以助立国之势,而为不虞之备也"。陈亮以他士的身份而代表商贾说话,这在两宋士人中是十分少见的,其渊源上承北宋范仲淹的以吾商自喻,下启叶适的要求许可工商业者入仕。

## 高举"义利并举"

陈亮最难能可贵之处,是把重商的实践和理论上升为义与利关系的思考,提出了"义利并举"的思想。

陈亮认为,道义与功利、仁义与利欲是可以统一的,而且也应该是呼应和统一起来的。即便是孟子讲仁义,也不能不切合于事情,不能不服应于人的好货好财好色的功利之心、自然利欲之心。陈亮认为,好货、好财、好色这样的自然利欲心,是人心之本有、人性之本然,而与计较利害之心有着本质的不同。在陈亮看来,由一己之私欲所引发的计较厉害之心是所要反对的对象,但利欲自身本与道义不相悖,利欲更可以理解为人心之所同欲、天下之公利。

从这个意义上讲,利欲是道义产生的基石与所应达到的目标,天理不能离开血气人心,仁义教化也只能在顺承人的自然利欲之心的基础上方有可能实现。如果不承认人的功利心和自然利欲心的合理性、正当性,则仁义也就失去了存在的基石。仁义一旦不能够顺承人的功利心、自然利欲心以推广之、充实之、点化之、超升之,仁义就必将完全落空,而终究是无可达于事物之理,成为空洞无用的道。

简明来讲,陈亮判断道的标准就是能成此功利便证明有道,不能成此功利便证明无道。在陈亮看来,以朱熹为代表的广大理学诸儒似乎正走在否定功利而空谈道义、否定人心而空谈天理仁义的歧路上,这是陈亮要极力反对的。

可以说,南宋的思想家中,只有陈亮真正有反对把义与利、道与欲看作互不相容的这一理学倾向,并彻底否定了宋儒执守的正其谊不谋其利、明其道不计其功的重义轻利观点,这就折射出商的意识渗透对宋代理学思想引发的冲击和影响。

## 打破壁垒

陈亮既是名士大儒,又是成功的商人。他把商人的价值观带到士的阶层中去,把利带入义,对其独特的义利观、理欲观的形成起到了决定性的作用,并使其士人人格吸收商人人格,为后世的士商人格转换开源。他强调农商一事,他对富商不吝赞美之辞,认为经商致富者的才能丝毫不逊于科举之士等,陈亮可以说是四民异业而同道的先声。

无论是陈亮独特的义利观、功利主义,还是他的豪杰人格、事功精神,都有商的意识的深层渗透和凝聚,这在两宋士人中可谓标新立异,而宋儒所保持的传统人格壁垒正是在陈亮这里被打开了一个大大的缺口,朱熹为此才会激烈批判陈亮。从这个意义上说,陈亮是古今士商人格转换的典型,称得上是中国封建社会迈向近代的过程中士、商互动的一个关键所在,并在后世产生了深远的影响。

宋代以降,四民秩序发生了新变化,具体表现为商人地位的上升,士商渐趋融合。清沈垚在《落帆楼文集》卷二十四《费席山先生七十双寿序》中说:"古者四民分,后世四民不分。古者士之子恒为士,后世商之子方能为士。此宋、元、明以来变迁之大较也。天下之士多出于商……以天下之势偏重在商,凡豪杰有智略之人多出焉。其业则商贾也,其人则豪杰也。为豪杰则洞悉天下之物情,故能为人所不为,忍人所不忍。是故为士者转益纤啬,为商者转敦古谊。此又世道风俗之大较也。"

## 以笔为剑

南宋绍兴十二年(1142),宋金签订"绍兴和议"。南宋绍兴十九年(1149),金朝完颜亮称帝后积极准备南侵,而南宋朝廷上下却毫无戒备。在此政治背景下,年轻的陈亮却显示出豪迈的才气和拯救民族的壮志,他潜心研究历代名臣治理国家的雄才大略和古人用兵成败的经验教训,于十九岁著《酌古论》。《酌古论》的意义在于"使得失较然,可以观,可以法,可以戒,大则兴王,小则临敌,皆可以酌乎此也"。

南宋隆兴二年(1164),金兵进犯淮南,朝廷舍淮南而保江南,被迫签订和约,史称《隆兴和议》。此后,主战将领被排挤去职,宋孝宗失去抗战信心,投降主和派得势。"暖风熏得游人醉,直把杭州作汴州。"南宋朝廷偏安不思进取,过着灯红酒绿的腐朽生活。南宋乾道五年(1169),南宋朝廷局势颓靡,此时正处于窘迫生涯的陈亮向孝宗上书《中兴五论》,提出"中兴""恢复"方案,因受投降派排斥,孝宗并没有看到。

南宋淳熙二年(1175),陈亮写信给丞相叶衡,希望叶衡整顿内政、确定抗金复国大计。

南宋淳熙五年(1178),陈亮先后三次上书给孝宗皇帝,劝皇帝废和议、抗金复仇。孝宗未采纳,而想给他一官半职以遮人耳目。陈亮笑道:"吾欲为社稷开数百年之基,宁用以博一官乎!"便渡江而归了。

南宋淳熙十二年(1185),陈亮写信给丞相王淮,力陈秦桧主和误国害民的罪状,以激励王淮恢复中原之心,并推荐叶适等主战派人士。

南宋淳熙十五年(1188),陈亮第五次上书孝宗,想激励孝宗恢复中原之心,但孝宗已准备让位,未采纳。

南宋绍熙四年(1193),陈亮考中状元后,在与光宗和诗时,发出了"复仇自是平生志,勿谓儒臣鬓发苍"的豪言壮语,表达了他坚定的抗金志向和恢复中原的理想。

为实现崇高的爱国主义理想,陈亮积极寻求救国救民的良方。

"疑书册不足凭",陈亮于南宋淳熙十五年(1188)亲自至建康

(今南京)、京口(今镇江)登高四望,深识天地设险之意。尽管历史上金陵失守而江南尽失的悲剧频频发生,然而很少有人认真思索。"危楼环望,叹此意,今古几人曾会?"经过广泛的调查访问,陈亮主张不要把长江天险仅当作隔断南疆北界的门户,而要将其作为北伐中原、恢复失地的跳板,长驱直入不须反顾。并且再次上书,建议孝宗"由太子监军,驻节建康,以示天下锐意恢复"。

从陈亮的年表中可以看出,陈亮处于窘迫现状,为生计经商的生涯,也正是他忧国忧民,为恢复中原倾其所能的生涯。他一边走出生活的窘迫,一边忧思着国家兴亡,并将两者彼此结合促进。

## 系列思想

陈亮"为农,为商",更是把恢复中原当作平生之志的"士"。他践行自己的理念,也升华自己的思想。

在军事方面,陈亮注重研究历史,又注意考察现实问题。"隆兴初,与金人约和,天下忻然,幸得苏息,独亮持不可。"他反对和议,反对投降,指出"一日之苟安,数百年之大患也",并对投降主和派进行有力的驳斥,提出了"江南之不必忧,和议之不必守,虏人之不足畏,而书生之论不足凭"的著名论点。

陈亮"尝考古人用兵成败之迹,著《酌古论》"。在深入研究历史的基础上,他又在《中兴五论》《三国纪年》《问答》等文中,提出了一系列创造性的务实的对策,如《中兴论》中的"批亢捣虚,形格势禁"的军事战略思想。

在政治方面,陈亮主张不能墨守成规,固守祖宗旧制,而应针对时弊进行全面改革。由于国家机构臃肿庞大、冗员日增、名实淆乱等弊端,南宋政局日益衰颓。陈亮在写给南宋丞相叶衡的信中指出:"国家之势未张而庸人之论方胜……若能相与协力整齐五年,使民力稍苏,国计可倚,豪杰动心,中原知向,纷纷之论便可以不顾矣。"

在上孝宗皇帝等书中,陈亮进一步指出:"艺祖皇帝用天下之士人以易武臣之任事者,而五代之乱不崇朝而定。故本朝以儒立国,而儒道之振独优于前代。今天下之士烂熟萎靡,诚可厌恶,正在主上与二三大臣反其道以教之,作其气以养之,使临事不至乏才,随才皆足有用。则立国之规模不至庚艺祖皇帝之本旨,而东西驰驱以定祸乱,不必专在武臣也。"

在《中兴论》中,陈亮提出了具体而全面的改革方案:"今宜清中书之务以立大计,重六卿之权以总大纲;任贤使能以清官曹,尊老慈幼以厚风俗;减进士以列选能之科,革任子以崇荐举之实;多置台谏以肃朝纲,精择监司以清郡邑;简法重令以澄其源,崇礼立制以齐其习;立纲目以节浮费,示先务以斥虚文;严政条以核名实,惩吏奸以明赏罚;时简外郡之卒以充禁旅之数,调度总司之赢以佐军旅之储。择守令以滋户口,户口繁而财自阜;拣将佐以立军政,军政明而兵自强。置大帅以总边陲,委之专而边陲之利自兴;任文武以分边郡,付之久而边郡之守自固。右武事以振国家之势,来敢言以作天下之气;精间谍以得敌人之情,据形势以动中原之心。"

在经济方面,陈亮提出了一系列独特的见解。针对中国封建社会传统的"重农抑商"观念,陈亮指出"官民一家也,农商一事也,上下相恤,有无相通,民病则求之官,国病则资诸民。商藉农而立,农赖商而行,求以相辅,而非求以相病,则良法美意,何尝一日不行于天下哉"。陈亮认为,农业和商业在社会经济体系中是同样重要的,并无轻重高低之分。两者是互为基础、相互促进的。针对"重义轻利""为仁不富,为富不仁""君子喻于义,小人喻于利"等传统观念,陈亮提出"圣人所以御天下之大权者,犹未离于利""仁者天下之公理,而财者天下之大命"等务实的观点。陈亮认为仁义和财富并不是对立的,追求财富是人的天性,而且有助于提高社会生产力。

关于南宋日趋严重的财政危机,陈亮认为主要原因并不是赋税的不足,也不是军费开支的剧增,而是统治者理财思想的错误和长期以来财政体制的僵化。他主张加强财政管理,裁减冗杂之费,实行"兵民交相养"以增强百姓财力,从而实现民富国强。

在教育方面,陈亮在教育实践的基础上,提出了一系列与众不同的理论和观点。乾道五年,陈亮上《中兴论》失败后,回家乡收徒讲学。当时理学家在书院讲学,大多强调修性悟道,"当穷理修身,学取圣贤事业,使穷而有以独善其身;达则有以兼善天下,则庶几不枉为一世人耳",主张不用过多关心现实政治,力求明哲保身。而陈亮主张讲学授徒就是要教人以天下大事为己任,培养他们成就英雄伟绩的各种才能,从而使他们承担起救国、保国、治国的责任。

陈亮对当时空疏迂阔的道学,不遗余力地加以排斥。在《送吴允成运干序》中,陈亮说:"为士者必以文章行义自名,居官者必以政事书判自显,各务其实而极其所至,人各有能有不能,卒亦不敢强也。自道德性命之说一兴,而寻常烂熟无所能解之人自托于其间,以端悫静深为体,以徐行缓语为用,务为不可穷测以盖其所无,一艺一能皆以为不足自通于圣人之道也。于是天下之士始丧其所有，而不知适从矣。为士者耻言文章、行义，而曰'尽心知性'；居官者耻言政事、书判，而曰'学道爱人'。相蒙相欺以尽废天下之实，则亦终于百事不理而已。"陈亮反对那种脱离实际的虚妄之学和空洞说教，主张治学务必讲实事、究实理、求实效，研究要有利于国计民生，注重分析各种社会现实问题，把为现实服务作为自己学术研究的出发点和归宿。

## 存"道"于"事"

陈亮不仅有着强烈的爱国主义思想，而且他把爱国主义思想及活动同朴素的唯物主义思想紧密地联系在一起，以朴素唯物主义思想解释和论证他的政治态度和政治活动，从而使他的爱国主义思想具有更进步的社会意义、更广泛的政治影响。

靖康二年（1127），北宋灭亡，宋室南渡，以高宗为代表的朝廷苟安派，面对国家危亡的现实，苟一敕之安而息于一隅，置中原待复、边防待固、财政待富、士怨民离于不顾，甚至不惜拿人民血汗取悦于女真贵族。

围绕抗金问题统治阶级内部争论得相当激烈，一些地主阶级仁人志士争相献计献策，力图挽狂澜于既倒，朱熹、陈亮、叶适、吕祖谦、辛弃疾等人就是在这样的历史条件下出现于南宋政治舞台。然而，即使在抗金的终极目的上一致，他们之间也还存在深刻的分歧，反映在思想界就是理学与反理学之争。这里涉及如何看待朱熹的抗金态度问题。朱熹的抗金态度，前后期变化很大，前期他积极抗金，曾议"修政事，攘夷狄"。但随着宋金关系的暂缓，产生了很大的转变，"今五六十年间，只以和为可靠"，要求朝廷"先以东南之未治为忧"。

理学家认为,所谓"道",就是存在于一切自然现象和社会现象之外的神秘的精神本体,是超于自然界和人类社会的一种脱离具体事物而独立存在的抽象原则。借此否认宇宙间任何普遍的原则所必须依赖的具体事物,否认宇宙间真实客观的事物的存在,要人们离开具体事物去追求虚无缥缈的"道"。在南宋这个特定的环境里,就是要人们在玄虚中修身养性以代替切实的于国于民有利的行动。

为此,陈亮在"道"与"事"的关系问题上提出了截然相反的唯物主义见解。他强调了事物存在的客观性,"夫盈宇宙者,无非物,日用之间,无非事"。客观事物是宇宙间唯一真实的存在,而"道",则是存在于一切自然现象和社会现象之中的"因事作则"的法则,即依凭于事物的法则,包括社会的伦理道德与社会原则,它不是一种玄而无着的精神本体。正因为如此,道与事是紧密相连而不可分的,由此他提出了"道在事中""道在物中"的唯物主义观点。

同时,陈亮在肯定道与客观事物的不可分割,宣国强兵改为富国强兵的基础上,又进一步论证了"因事作则"中人的积极作用。当宋朝五分之二国土沦于敌人之手之际,其"事"就只能是革除弊政,宣国强兵,"恢复中原,此事不理,百患将至,而时弊不除,统一难成。考种种时弊,又以空谈性命为最"。

陈亮为抗金立言,并为之做了很多实际的努力。他以恢复中原为目标,对当时的社会政治、军事、经济、文化等都提出了一系列的建议和改革措施。陈亮力主重视的"事",就是抗金救国的大事,从这点出发,通过在理论上阐明"道"与"事"的关系,又回到救家国于危亡的现实,从而论证了以下两点:一方面,既然赋予"事"以抗金救国的新内容,而"道"又是不能脱离具体事物的,于是"道"便也被赋予了新的内容，"因事作则"即成为"因"国家民族之事而"作则"，存在于抗金中兴的事业中；另一方面，陈亮又以事实说明了所谓形气之表的"道"，实际上并非真正的"形气之表"，它恰恰以空谈心性被朝廷苟安派用来"饰太平于一隅以为欺"。因此，欲以"道德性命"之说来"自治"的设想只能是海市蜃楼而已。论证的结果，"道在事中"与"道存于无形之表"的分歧就不仅仅限于哲学分歧了，"道在事中"的唯物主义命题实质上成为与抗金救国事业密切相关的政治命题。这样，陈亮基于朴素的阐述"道""事"关系问题的唯物主义功利观，就和抗金救国的爱国主张有机地结合在一起。

## 王霸义利之辨

"道在事中"与"道存于无形之表"这两种对立的哲学观点所围绕的焦点，就是如何对待抗金中兴。

朱熹认为，历史可划分为"三代以上"和"三代以下"相互对立的两段，"三代专以天理行，汉唐专以人欲行"，天理流行是清明盛世，即"王道"，人欲横流则是混浊乱世，即"霸道"。天理为义，人欲为"利"。这里的"天理"，实际上就是那神秘莫测的"道"，因此，通过尊王贱霸所要表明的思想就非常明了："三代以道治天下，汉唐以智力把持天下。"三代的清明世道到汉唐及汉唐以下之所以变为混乱世道，主要原因就是"道"已失传，当今紧迫之务就是要尽快恢复王道，杜绝不安分守己的人欲，"只是讲明义理以淑人心，使世间识义理之人多，则何患政治之不举耶"人君当黜霸功，行王道。

陈亮对朱熹的观点进行了分析、批驳，也从历史的角度来论证和阐明自己的救国主张。

其中最重要的内容就是陈亮从人欲的客观普遍性来阐明三代不可能"专以天理行"。他认为，人欲古已有之，比如耳朵乐于悦声，眼睛乐于美色，鼻子乐于香气，嘴巴乐于佳味，手足四肢乐于舒服，这些爱好都是人的天性，人的物质欲望是客观存在的。社会是由人组成的，而人的生存有赖于物质条件，因此一个社会的强盛与否，首先就要看其是否国富家殷，只有国富家殷才能使人类社会得以延续，精神的虚幻的"理(道)"岂能抵得上衣食住行？即使是被朱熹尊崇的古人，也并非专凭"天理"来治国，"正人心以立国本，活民命以寿国脉，二帝三王之所急先务也"。可见，"正人心"只是治国的一个方面，"活民命"也须得到同等重要的地位，二者皆不可偏废。南宋时，在金人的掳掠下，国力凋敝，民生艰难，起义连年不断，如南宋初年的钟相、杨幺起义，孝宗时的湖南李金起义，淳熙六年的湖南陈峒起义、广西李接起义，等等。鉴于此，朱熹提出"安内"之计，即软硬两手，"硬"为武力镇压，"软"为提倡"正心诚意"，如此便可拯救国家。陈亮以为不然，指出国家动乱与恢复大业是息息相关的，刻不容缓的是：改革政治，"使民力稍苏，国计可倚"，自强自立才能完成复兴大业，这才是治国安民的根本；否则，拯救国家的愿望也必成泡影。

程朱理学盛行数百年，有其进步、积极的一面，当然也存在消极的一面。五百多年后，清代乾嘉时期考据学集大成者、近代批判理学先驱戴震的话斩钉截铁、石破天惊——酷吏以法杀人，后儒以理杀人。

程朱理学的"存天理，灭人欲"，把"天理"与"人欲"对立起来，视"无欲"为"天理"，"无欲"才是纯正的人性。于是，"人欲"就成了一切罪恶的源泉。戴震认为这纯属胡扯，这种理、欲之分，完全扼杀了人的正常物质需求和精神欲望。欲望乃人与生俱来的自然本性，人欲非恶。相反，人欲只要合乎自然之道，那就是"善"，就是"理"，所谓"理者存于欲者也"。

民国学人眼中与戴震"双峰并立"的思想者章学诚曾心悦诚服地称赞戴震，你批判程朱理学杀人的理论，在中国是前无古人的！

民国学人胡适这样评价戴震，人都知道戴东原是清代经学大师、音韵大师，清代考据之学的第一大师，但很少人知道他是朱子之后第一个大思想家、大哲学家……论思想的透辟、气魄的伟大，二百年来，戴东原真成独霸了！

而戴震的看法，与五百多年前陈亮的思想不谋而合。

附：

# 中兴五论

## 序

臣闻治国有大体，谋敌有大略。立大体而后纪纲正，定大略而后机变行，此不易之道也。仰惟陛下以睿圣神武之资，充硕大光明之学，留神政事，励志恢复，罔敢自暇自逸。而大欲未遂，大业未济，意者，大体之未立，而大略之未定欤！臣尝为陛下有忧于此矣。尝欲输肝胆，效情愫，上书于北阙之下。又念世俗道薄，献言之人，动必有觊，心虽不然，迹或近似，相师成风，谁能不疑！既已疑矣，安能察其言而明其心！此臣之所大惧而卒以自沮也。

今年春，随试礼部，侥幸一中，庶几俯伏殿陛，毕写区区之忠，以彻天听。有司以为不肖，竟从黜落，不得进望清光，以遂昔愿。束手东归，杜门求志，因以为功名之在人，犹在己也。怀愚负计，而不以裨上之万一，是忝世也。有君如此，而忠言之不进，是匿情也。己无他心，而防人之疑，是自信不笃也。故言其《中兴论》一千八百余言，大体大略，于斯见矣。并论开诚执要励臣正体之道，合五篇，上干天听，惟陛下宽其万死。不以为草茅之言而留神裁察，是天下社稷之福也，于臣何有！

## 中兴论

臣窃惟海内涂炭，四十余载矣。赤子嗷嗷无告，不可以不拯；

国家凭陵之耻，不可以不雪；陵寝不可以不还；舆地不可以不复。此三尺童子之所共知，曩独畏其强耳。

韩信有言："能反其道，其强易弱。"况今虏酋庸懦，政令日弛，舍戎狄鞍马之长，而从事中州浮靡之习，君臣之间，日趋怠惰。自古夷狄之强，未有四五十年而无变者。稽之天时，揆之人事，当不远矣。不于此时早为之图，纵有他变，何以乘之。万一虏人惩创，更立令主；不然，豪杰并起，业归他姓，则南北之患方始。又况南渡已久，中原父老日以殂谢，生长于戎，岂知有我！昔宋文帝欲取河南故地，魏太武以为"我自生发未燥，即知河南是我境土，安得为南朝故地"，故文帝既得而复失之。河北诸镇，终唐之世，以奉贼为忠义，狃于其习而时被其恩，力与上国为敌而不自知其为逆。过此以往，而不能恢复，则中原之民乌知我之为谁？纵有倍力，功未必半。以俚俗论之，父祖质产于人，子孙不能继赎，更数十年，时事一变，皆自陈于官，认为故产，吾安得言质而复取之！则今日之事，可得而更缓乎！

陛下以神武之资，忧勤侧席，慨然有平一天下之志，固已不惑于群议矣。然犹患人心之不同，天时之未顺，贤者私忧，而奸者窃笑，是何也？不思所以反其道故也。诚反其道，则政化行，政化行，则人心同，人心同，则天时顺。天不远人，人不自反耳！今宜清中书之务以立大计，重六卿之权以总大纲；任贤使能以清官曹，尊老慈幼以厚风俗；减进士以列选能之科，革任子以崇荐举之实；多置台谏以肃朝纲，精择监司以清郡邑；简法重令以澄其源，崇礼立制以齐其习；立纲目以节浮费，示先务以斥虚文；严政条以核名实，惩吏奸以明赏罚；时简外郡之卒以充禁旅之数，调度总司之赢以佐军旅之储；择守令以滋户口，户口繁则财自阜；拣将佐以立军政,军政明而兵自强。置大帅以总边陲,委之专而边陲之利自兴;任文武以分边郡,付之久而边郡之守自固。右武事以振国家之势,来敢言以作天下之气;精间谍以得虏人之情,据形势以动中原之心。不出数月,纪纲自定,比及两稔,内外自实,人心自同,天时自顺。有所不往,一往而民自归。何者?耳同听而心同服。有所不动,一动而敌自斗。何者?形同趋而势同利。中兴之功,可跷足而须也。

夫攻守之道,必有奇变。形之而敌必从,冲之而敌莫救,禁之而敌不敢动,乖之而敌不知所如往。故我常专而敌常分,敌有穷而我常无穷也。

夫奇变之道,虽本乎人谋,而常因乎地形。一纵一横,或长或短,缓急之相形,盈虚之相倾,此人谋之所措,而奇变之所寓也。今东西弥亘,绵数千里,如长蛇之横道。地形适等,无所参错,攻守之道,无他奇变。今朝廷鉴守江之弊,大城两淮,虑非不深也,能保吾城之卒守乎?故不若为术以乖其所之。至论进取之道,必先东举齐,西举秦,则大江之南,长淮以北,固吾腹中物。齐、秦,诚天下之两臂也,奈虏人以为天设之险而固守之乎?故必有批亢捣虚、形格势禁之道。

窃尝观天下之大势矣,襄汉者,敌人之所缓,今日之所当有事也。控引京洛,侧睨淮蔡,包括荆楚,襟带吴蜀。沃野千里,可耕可守;地形四通,可左可右。今诚命一重臣,德望素著、谋谟明审者,镇抚荆襄,辑和军民,开布大信,不争小利,谨择守宰,省刑薄敛,进城要险,大建屯田。荆楚奇才剑客自昔称雄,徐行召募以实军籍。民俗剽悍,听于农隙时讲武艺。襄阳既为重镇,而均随信阳及光黄,一切用艺祖委任边将之法,给以州兵而更使自募,与以州赋而纵其自用，使之养士足以得死力，用间足以得敌情。兵虽少而众建其助，官虽轻而重假其权。列城相援，比邻相和，养锐以伺，触机而发。

一旦狂虏玩故习常，来犯江淮，则荆襄之师，率诸军进讨，袭有唐邓诸州，见兵于颖蔡之间，示必截其后。因命诸州转城进筑，如三受降城法，依吴军故城为蔡州，使唐邓相距各二百里，并桐柏山以为固。扬兵捣垒，增陴深堑，招集土豪，千家一堡，兴杂耕之利，为久驻之基。敌来则婴城固守，出奇制变，敌去则列城相应，首尾如一。精间谍，明斥堠。诸军进屯光黄安随襄郢之间，前为诸州之援，后依屯田之利。

朝廷徙都建业，筑行宫于武昌，大驾时一巡幸。虏知吾意在京洛，则京、洛、陈、许、汝、郑之备当日增，而东西之势分矣。东西之势分，则齐秦之间可乘矣。四川之帅亲率大军以待凤翔之虏，别命骁将出祈山以截陇右，偏将由子午以窥长安，金房开达之师，入武关以镇三辅，则秦地可谋矣。

命山东之归正者，往说豪杰，阴为内应，舟师由海道以捣其脊，彼方支吾奔走，而大军两道并进以揕其胸，则齐地可谋矣。吾虽示形于唐邓上蔡，而不再谋进，坐为东西形援，势如猿臂，彼将愈疑吾之有意京洛。特持重以示不进，则京洛之备愈专，而吾必得志于齐秦矣。抚定齐秦，则京洛将安往哉？此所谓批亢捣虚、形格势禁之道也。

就使吾未为东西之举，彼必不敢离京洛而轻犯江淮，亦可谓乘其所也。又使其合力以压唐蔡，则淮西之师起而禁其东，金房开达之师起而禁其西，变化形敌，多方牵制，而权始在我矣。然荆襄之帅，必得纯意于国家，而无贪功生事之心者，而后付之。平居无事，则欲开诚布信以攻敌心；一旦进取，则欲见便择利而止以禁敌势。东西之师有功，则欲制驭诸将，持重不进以分敌形。此非陆抗羊祜之徒，孰能为之！

夫伐国，大事也。昔人以为譬拔小儿之齿，必以渐摇撼之。一拔得齿，必且损儿。今欲竭东南之力，成大举之势，臣恐进取未必得志，得地未必能守，邂遘不如意，则吾之根本撼矣。此岂谋国万全之道？臣故曰：攻守之间，必有奇变。

臣谀人也，何足以明天下之大计？姑疏愚虑之崖略，曰《中兴论》，唯陛下裁幸。

## 论开诚之道

臣尝观自古大有为之君，慷慨果敢而示之以必为之意，明白洞达而开之以无隐之诚。故天下雄伟英豪之士，声从响应，云蒸雾集，争以其所长自效，而不敢萌欺罔之心，截然各职其职，而不敢生不满之念。故所欲而获，所为而成，而卓乎其不可及也。

仰惟陛下，英睿神武，出于天纵，嗣承大统，于今八年，天下咸知其为真英主矣。而所欲未获，所为未成，虽臣亦为陛下疑之也。夫慷慨果敢，陛下固示之以必为之意矣。而天下之气索然而不吾应，或者明白洞达，开之以无隐之诚者，容有未至乎！

夫任人之道，非必每事疑之，而后非无隐之诚也。心知其不足任，而姑使之以充吾位；使之既久，而姑迁之以慰其心。身尊位大，而大责或不必任；职亲地密，而密议或不得闻。听其言，与之以位，而不责其实；责其实，迫之以目前而不待其成。陛下自度任人之际，颇亦有近于此者乎！如或近之，则非所谓明白洞达，开之以无隐之诚也。故天下懦庸委琐之人，得以自容而无嫌；而狂斐妄诞之流，得以肆言而无忌。中实无能而外为欺罔，位实非称而意辄不满。平居则何官不可为，缓急则何人不退缩！是宜陛下当宁而叹天下人才无一之可用，而谓书生诚不足以有为，则非陛下之过也。天下之士有以致之耳。虽然，何世不生才，何才不资世！天下雄伟英豪之士，未尝不延颈待用，而每视人主之心为如何。使人主虚心以待之，推诚以用之，虽不必高爵厚禄而可使之死，况于其中之计谋乎！人主而有矜天下之心，则虽高爵厚禄日陈于前，而雄伟英豪之士有穷饿而死尔，义有所不屑于此也。夫天下之可以爵禄诱者，皆非所谓雄伟英豪之士也。陛下勿以其可以爵禄诱，奴使而婢呼之。天下固有雄伟英豪之士，惧陛下诚心之不至而未来也。

臣愿陛下虚怀易虑，开心见诚，疑则勿用，用则勿疑。与其位，勿夺其职；任以事，勿间以言。大臣必使之当大责，迩臣必使之与密议。才不堪此，不以其易制而姑留；才止于此，不以其久次而姑迁。言必责其实，实必要其成。君臣之间相与如一体，明白洞达豁然无隐，而犹不得雄伟英豪之士以共济大业，则陛下可以斥天下之士而不与之共斯世矣。

不然，臣恐孤陛下必为之心，沮天下愿为之志，两相求而不相值也。以陛下英睿神武之资，视古之贤主，无所不及而有过之者，而其效乃尔。此臣所以区区爱君之心不能自已，而辄献其愚忠，惟陛下裁幸。

## 论执要之道

臣窃惟陛下自践阼以来，亲事法宫之中，明见万里之外。发一政，用一人，无非出于独断；下至朝廷之小臣，郡县之琐政，一切上劳圣虑。虽陛下聪明天纵，不惮劳苦，而臣窃以为人主之职，本在于辨邪正，专委任，明政之大体，总权之大纲。而屑屑焉一事之必亲，臣恐天下有以妄议陛下之好详也。

自祖宗以来，军国大事，三省议定，面奏获旨。差除即以熟状进入，获可，始下中书造命，门下审读。有未当者，在中书，则舍人封驳之，在门下，则给事封驳之，始过尚书奉行。有未当者，侍从论思之，台谏劾举之。此所以立政之大体，总权之大纲。端拱于上，而天下自治，用此道也。

今朝廷有一政事，而多出于御批；有一委任，而多出于特旨。使政事而皆善，委任而皆当，固足以彰陛下之圣德，而犹不免好详之名。万一不然，而徒使宰辅之避事者得用以藉口，此臣爱君之心所不能以自已也，臣愿陛下操其要于上而分其详于下。凡一政事，一委任，必使三省审议取旨，不降御批，不出特旨，一切用祖宗上下相维之法。使权固在我，不蹈曩日专权之患。而怨有所归，无代大臣受怨之失。此臣所以为陛下愿之也。

臣闻之故老言，仁宗朝，有劝仁宗以收揽权柄，凡事皆从中出，勿令人臣弄威福。仁宗曰："卿言固善，然措置天下事，正不欲专从朕出。若自朕出，皆是则可，有一不然，难以遽改。不若付之公议，令宰相行之，行之而天下不以为便，则台谏公言其失，改之为易。"大哉王言！此百世人主之所法，而况于圣子神孙乎！

史之称光武曰："明谨政体，总揽权纲。"政体者，政之大体也；权纲者，权之大纲也。臣愿陛下立政之大体，总权之大纲，辨邪正，专委任，以宰天下。得操要之实，而鉴好详之弊，则天下雄伟英豪之士，必有能奋然出力以办今日之事者矣。臣不胜大愿。

## 论励臣之道

臣闻上下同心，君臣勠力者，事无不济；上下相蒙，君臣异志者，功无不隳。春秋之时，晋伐楚，三合不止。大夫请击之，庄王曰："先君之时，晋不伐楚，及孤之身而晋伐楚，是寡人之过也，如何其辱诸大夫也？"大夫曰："先君之时，晋不伐楚，及臣之身而晋伐楚，是臣之罪也。请击之。"庄王俯泣而起拜。晋师闻而夜还。越王求成于吴而归，抱柱而哭，承之以肃。群臣闻之曰："君王何愁心之甚也？夫复仇谋敌，非君王之独忧，乃臣下之急务也。"其后越父兄请报耻，越王曰："昔者我辱也，非二三子之罪也。寡人何敢劳国人以塞吾仇。"父兄曰："四封之内，尽吾君子，子报父仇，谁敢不力！"越王卒用以灭吴。区区楚越，有臣如此，而谓堂堂大国反无君忧臣辱，君辱臣死之义乎？

今陛下慨念国家之耻，励复仇之志，夙夜为谋，相时伺隙。而群臣邈焉不知所急，毛举细事以乱大谋，甚者侥幸苟且，习以成风。陛下数降诏以切责之，厉天威以临之，而养安如故，无趋事赴功之念，复仇报耻之心。岂群臣乐于负陛下哉？特玩故习常，势流于此，而不自知也。

臣愿陛下慨然兴怀，不御正殿，减膳彻乐，夕惕若厉，立群臣而语之曰："朕承太上皇帝付托之重，念国家之深耻，志在复仇，八年于兹，若涉渊冰，未知攸济。而群臣玩故养安，无肯戮力，是朕不明不德，不足以承大宝，图大业，其何颜以临于王公士民之上！况敢即安，以自取辱！"群臣震惧，顿首请罪。然后徐谕之曰："朕固未敢即安，群臣犹以朕可与有为，其各共厥职，勉趋厥事。上率其下，下勉其上，自度其力之不逮者，无尸厥官，朕将明赏罚以厉其后。由今以往，群臣咸为朕思，所以畏天爱民，求贤发政，富国强兵，复仇谋敌之道。无以小事塞责，无以小谋乱大，相与熟讲惟新之政，使内外有序，则朕即安之日。"陛下惕然侧席，图济大业，而群臣不能惕然承意，竭力以报其上。是人而禽兽者也，诛之杀之，何所不可！诚使上下同心，君臣勠力，则何事之不济乎！

## 论正体之道

臣闻君以仁为体，臣以忠为体。遍覆包含，如天地之大，仁也；公家之事知无不为，忠也。故君行恩而臣行令。

庆历间，杜衍辅政，遇有内降，辄封还之，仁宗以杜衍不可告之而止者，又多于所封还。治平初，任守忠离间两宫，韩琦乘间开悟上心，斥之远方，仍放谢辞，即日押出国门。君当其善，臣当其怨，君臣之体也。

澶渊之役，自寇准而下，均欲追战，章圣皇帝独恻然许和。及其议岁币也，章圣不欲深较，而准戒曹利用以不得过三十万。天圣初，契丹借兵伐高丽，明肃太后微许其使，吕夷简坚以为不可而塞之。其后刘六符来求割地，夷简召至殿庐，以言折之。君任其美，臣受其责，君臣之体也。

今则不然。陛下锐意于有为，不顾浮议，而群臣持禄固位，多务收恩。陛下慨然立计，不屈丑虏，而群臣动欲随顺，图塞溪壑。使陛下孤立以主大计，群臣安坐而窃美名，是尚为得君臣之体乎！

臣愿陛下总揽大柄，端己责成，畏天爱民，以德自护，明诏大臣，使当大任，不辞小怨，不辞大艰。

使天下戴陛下之恩而严大臣之执守，敌人服陛下之德而惮大臣之忠果，则何事之不济，何功之不成！此祖宗养人心以行德义，正君臣之体而为百世不易之家法也。故愿陛下仰法祖宗，而大臣以寇准、吕夷简、杜衍、韩琦为法，天下有不足为者矣！

## 跋

此己丑岁余所上之论也。距今能几时，发故箧读之，已如隔世。追思十八九岁时，慨然有经略四方之志。酒酣，语及陈元龙周公瑾事，则抵掌叫呼以为乐。间关世途，毁誉率过其实，虽或悔恨，而胸中耿耿者终未下脐也。一日，读杨龟山《语录》，谓"人住得然后可以有为。才智之士，非有学力，却住不得"，不觉恍然自失。然犹上此论，无所遇，而杜门之计始决，于是首尾盖十年矣。虚气之不易平也如此。

孟子曰，诡遇而得禽，虽若丘陵弗为。自视其几矣。又曰，五谷者，种之美者也，苟为不熟，不如荑稗。岂不为大忧乎？

引笔识之，掩卷兀坐者良久。

# 宗泽，英雄垂死尚三呼

宗泽即将离开人世的那一刻，念念不忘的，不是家人也不是身后事，而是渡河北伐、雪耻靖康，高呼"渡河、渡河、渡河！"三声之后，他的声音和生命都戛然而止。

## 少年有志

北宋嘉祐四年，宗泽在义乌出生，此时的宗氏家族开始慢慢崛起。宗氏家族的先祖原来生活在河南南阳，因唐末五代时期南阳战乱而举家迁徙。宗氏家族一路艰险到达社会环境相对稳定的吴越地域（今江苏南部），又因吏治腐败、杂税繁多而继续迁移，直到义乌的龙祈山普照济寺才安居下来。北宋初年，宗氏家族又向东南方向迁移，直至现在的义乌市苏溪镇新厅村石板塘附近才安定下来，在此繁衍生息。

宗泽小时候家境贫困，但他天资聪慧、勤奋好学，而且忠诚正直。他在青少年时期，眼看辽国、西夏屡屡入侵北境，便有了靖边安境、为国效力的理想，并为此认真研读兵书、苦练武艺。不到二十岁时，宗泽辞家外出游学十年之久，他不仅悉心求学，研读古人典要，寻求治国之道，而且考察民情、了解社会。

三十三岁时，宗泽进士及第，在殿试时，洋洋洒洒写了上万字，而当时朝廷对论文有字数限制,殿试本是唱赞歌的地方,可他却针砭时弊,提出很多问题和见解。为此,他被列为倒数第一名。

此后,宗泽先是当县吏,后被提升为县官,一当就是四任,分别到任四个地方。他每到一地都勤勤恳恳,为官一任,造福一方。

宗泽一干就干到五十九岁。此时的他,与其说对朝廷失望,不如说对自己的少年之志产生了怀疑。他回到家乡,在山水之间读书养性。即便如此,他还是躲不过小人的暗算,被发配镇江三年,直到皇帝大赦,才重获自由。

## 老将之威

人生的命运与国家的命运总是紧紧相连。让宗泽想不到的是,他在六十六岁这一年,似乎老天突然记起他有一个未完成的少年之梦,让他穿上盔甲杀入战场。

北宋末年,金兵大举南下,直逼北宋都城开封。朝中分裂为主战、主和两派,两派之争从未消停。开封军民在主战派李纲的率领下奋起抵抗,取得了开封保卫战的胜利。

北宋靖康元年(1126)初,御史大夫陈过庭推荐宗泽以宗正少卿的身份充任和议使,前往金国议和。宗泽领命后向朋友长别。金人能够悔过撤兵当然好,否则怎么能向金人屈节以辱君命。意思很明显,金人如若不撤兵,他断然不会向金人投降,他已做好必死的准备。主和派得到消息,吓出一身冷汗,宗泽这哪里是去议和,分明是去与金人对决,于是赶紧将他换下,让他知磁州。宗泽满心欢喜,当天就带着十几个随从出发了,似乎怕自己稍微迟一些,他手中偶然得来的宝物就会为别人所知而不翼而飞。

在磁州,宗泽有了施展拳脚的机会。他大力发动群众,修筑城墙,并提出了联防抗金的办法,发布招兵广告。各地义军纷纷支持,很快拉起十万大军。宋钦宗很高兴,任命宗泽为河北义兵都总管。

不久,金兵来攻,宗泽登上城楼指挥若定,命令士兵用强弓射退金兵后,打开城门追击,杀死金兵数百。宗泽的首场抗金大捷虽然杀敌不多,但这一战让大家发现,原来金兵并不是不可战胜的。这对被挫败感笼罩的宋军来说意义重大。

后来,宗泽又独自带兵赶往开封,在黄河岸边的李固渡口遭遇金兵,他在夜晚用计一口气攻破三十多个金兵营寨。第二年,他一路血战,连续十三场大败金兵。他继续孤军奋战,从河北邯郸打到河南卫辉,朝廷却不肯发兵增援……

最终开封城破,被洗劫一空。金兵俘虏了宋徽宗、宋钦宗父子及赵氏皇族、后宫妃嫔与贵卿、朝臣等三千余人,押解北上……这就是中国历史上的"靖康之耻"。

## 大宋一柱

两个月后,赵构即位,为宋高宗。宗泽入朝相见,说起复兴国家大计时痛哭流涕。六月,宰相李纲推荐宗泽知开封府。

当时因连年战乱,粮食歉收,奸商又乘机抬价,社会秩序混乱、民不聊生。宗泽认为,社会要稳定下来,物价问题必须首先给予整治。他对部下说:"物价是城内居民最关心的,而饮食价格又是其中最主要的一项,我们必须先控制住饮食的价格。"于是,他令人昼巡夜访,进行周密的调查。了解其中详情之后,他唤来了城内最大的饼店老板,责问道:"你店卖的笼饼,我令人核算过成本,每枚只要六文钱。如果你每枚卖八文,就可赚两文,这已是三十之利了,而你竟卖二十余文一枚，是何道理？"饼店老板还想解释，宗泽吓道："像你这样的不义之徒，在国难当头之时不思救国救民，只图自己牟取暴利，坑害国家，损坏民生，留你何用？"说罢下令斩首示众，并四处张榜布告。

次日，宗泽又召城内最大酒店的老板，酒店老板早已闻风丧胆，战战兢兢等待发问。宗泽问酒店老板："你店卖的酒，取利太厚，我已请人为你们算过账，按现价降价百文仍利不薄。你看可行吗？"酒店老板心中一算确有所赢，便连忙磕头道："可行，可行。"消息传出，各家商铺纷纷降价，再也不敢牟取暴利。加上城中广布禁止哄抬物价的命令，物价顿时回落和稳定下来，社会秩序也随之逐渐安定。百姓纷纷歌颂宗泽的智慧和果断的行政措施。

宗泽整顿了物价，稳定了社会秩序后，又腾出手来对付金人。他不负众望，两年内先后两次击败金兵，金兵退守黄河北岸，开封成为金兵一时难以逾越的屏障。

然而，推荐宗泽知开封府的李纲只当了七十五天的宰相就被罢免了，而此时留守开封府的宗泽已和北方的民间自发抗金武装建立了广泛的联系，收编了号称百万人的大军，积储了足供半年食用的粮草，事实上成为当时抗金的中心人物。

## 二十四份奏章

南宋建炎二年(1128)四月后，天气开始变得炎热，金军撤退，宗泽准备北伐。王彦的八字军奉宗泽之命移屯滑州，五马山的首领马扩也携带信王赵榛的信前来东京，这是宗泽和王彦、马扩等人共同制订的北伐计划及部署。同时，宗泽一直上书高宗陈述恢复中原,一直到六月底,宗泽上奏已达二十四次,但始终没有得到高宗的支持。年近古稀的宗泽支持不住,于七月初一背疽发作含恨离世。渡河北伐成为宗泽终生遗憾。

事实上,当时南宋朝廷的政治状况已注定了宗泽会留有遗憾。主政者的基本思路、方略都是议和,而宗泽屡屡奏请北伐之计是以上下同心、同仇敌忾、与金决战为根本目标的,这在当时的情况之下不可能成为现实,宗泽的请求必定成空。然而,正是宗泽乞请北伐的一次次奏疏,让我们看到他对南北一统的热切期望和对朝廷的忠肝义胆,他的身上,浓缩了那个时代无数人的期望,也浓缩了无数人澎湃的家国之情。

《宋史》记载:"夫谋国用兵之道,有及时乘锐而可以立功者,有养威持重而后能有为者,二者之设施不同,其为忠一而已。方金人逼二帝北行,宗社失主,宗泽一呼,而河北义旅数十万众若响之赴声,实由泽之忠忱义气有以风动之,抑斯民目睹君父之陷于涂潭,孰无愤激之心哉。使当其时泽得勇往直前,无或龃龉牵制之,则反二帝,复旧都,特一指顾间耳。黄潜善、汪伯彦嫉能而媢功,使泽不得信其志,发愤而薨,岂不悲哉!"

## 知遇岳飞

宗泽成为抗金的中心人物,当时的岳飞就在宗泽部下,宗泽委任王彦为"制置两河军事",王彦便派人命岳飞所部"赴荣河把隘"。岳飞和王彦难以共事,便率领部伍南下开封府,求见宗泽并希望接受宗泽的直接领导。宗泽珍惜岳飞的才干,体谅他的爱国之心,原谅了岳飞违反军纪的行为,让他留在营中听候差遣。

南宋建炎二年（1128）一月，金军大举南侵，进犯孟州汜水关，宗泽令岳飞为踏白使，率领五百骑兵前往侦察。岳飞在汜水关一带击败金军凯旋，宗泽即任命他为统领，不久又提升其为统制。

不久，全军分兵三路，在开封府所属及其毗邻的州县硬攻，宋金两军进行了激烈的拉锯战。宗泽坐镇开封留守司，虽四面受敌，仍从容调度军队，部署战斗，最终守住了开封城。岳飞在滑州城附近的胙城县、黑龙潭、官桥等地作战，表现均十分突出。

有一日，宗泽召见岳飞并授以用兵作战阵图，且说："尔勇智材艺，虽古良将不能过。然好野战，非古法，今为偏裨尚可，他日为大将，此非万全计也。"飞回答："兵家之要，在于出奇，不可测识，始能取胜……阵而后战，兵之常法……运用之妙，存于一心。"宗泽欣慰地点头。这点头，是英雄对英雄的惺惺相惜，是前者对后人的交代和期待。

宗泽逝后，岳飞率领岳家军继续抗金，同金兵进行了大小数百次战斗，所向披靡。南宋绍兴十年（1140），完颜兀术毁盟攻宋，岳飞挥师北伐，一路大败金军。可是，宋高宗、秦桧却一意求和，以十二道"金牌"下令退兵，岳飞无奈之下只好班师回朝。这一退，宋朝进一步置自己于必败之地，岳飞不仅失去了完成宗泽未完的事业的机会，自己也在大理寺狱中因"莫须有"的罪名被杀害，时年三十九岁。

## 家国精神

宗泽去世后，他的儿子宗颖和岳飞护送其灵柩至江苏镇江，与其夫人合葬于镇江市东郊京岘山北麓。墓碑上刻"宋宗忠简公讳泽之墓",墓林的牌坊上刻着的诗句铿锵有力:"大宋濒危撑一柱,英雄垂死尚三呼。"岳飞为怀念宗泽的知遇之恩,又在茔旁花山湾云台寺创设"宗忠简公功德院",即当今所称的纪念堂,以祠祀宗泽。到了嘉定年间,岳飞之孙岳珂以总饷驻节镇江军府,重修功德院,并亲撰《重修忠简公功德院记》。

宗泽的家国精神,被他的家族奉为圭臬。《麒麟塘宗氏家谱》家训第一条即为:"祖宗家法,以忠孝节义为纪纲,以耕读勤俭为本务。传至后世,虽盛衰不常,贤愚不等,其风声气习,雅韵长存,即此几希,所以别小民而称望族,幸共守之。"其影响还扩大到义乌乃至全国。宗泽虽然葬于镇江京岘山,但他的出生地义乌建有宗氏宗祠,有他的故地宗塘村、宗宅村(均有宗泽后人居住)、金麟山(旧传宗泽生时有金麟现此,因而得名)、麒麟塘(旧传宗泽将生时有麒麟现此塘,因而得名),这些遗址无言地述说着后人对他的追思和怀念。

宗泽现存诗歌不算丰富,但是他的诗歌却有独特的风格,方孝孺在为宗泽文集作序时说:"感慨声出金石,笺序恳款有体裁,咸忠义所奋发,不独回銮诸疏之觊切沉雄也。"确实,在宗泽的诗歌中,可以感受到他浑厚而炽热的情感。"竟弃三军力,空抛半壁天。"短短十字,却呼出作者郁结已久的沉闷之气。"汗血能观国,的卢终感恩"一句,痛斥作壁上观的臣子们不思收复国土,还不如懂得感恩救主的马。

诗为心声,宗泽留存于世的许多诗歌都抒发了他报效朝廷、渴望收复失地之情,如:"莫欺驽马瘦,挥策诸金门。"(《道逢乡人笑仆驽马之瘦》)宗泽与乡人相逢,被嘲笑坐骑羸弱,他没有因此而心情低落,反而认为虽是瘦马,却可报国。又如:"因知日月星,虽晦终不泯。一旦遇雷风,浮云岂能病。"(《渭南道中逢二蜀兵出印本手诏司马温公范文》)再如:"不辞关路远,辛苦向都城。"(《雨晴渡关二首》)字里行间,无不流露着他对国家的忠义之心,可谓"虽单言半字,无非从忠义中流出"。

# 梅执礼,忠义一激如泰山

"忠义一激,虽泰山之高不见其形,雷霆之鸣不闻其声,刀锯在前不觉其惨,鼎镬在后不知其酷,必欲得死然后为安也。今去之虽数百载,忠刚之气充塞乎天地之间,凛然如生,非烈丈夫能如是乎?"明朝开国文臣宋濂曾为乡人梅执礼写下这样的文字。

隔着近九百年悠长的历史,梅执礼的忠刚之气仍然充塞于天地之间,今天我们重读他的故事,他的凛然气概仍然如在眼前。

## 金人虎视眈眈

北宋末期,朝政颓废,民不聊生,各地农民起义此起彼伏,北宋进入最为黑暗和腐朽的时期,先后爆发了宋江、方腊领导的两次农民大起义。虽然这两次农民起义被镇压和瓦解,但东北地区女真族的兴起,却使北宋王朝无力抵抗,面临覆灭的命运。

北宋宣和二年(1120),宋、金两国结成海上之盟,协议金攻辽中京,宋攻辽燕京,事成之后,燕云十六州归宋,宋将本来献给辽的岁币转献给金国,而辽的其余国土亦归金国。北宋朝廷原以为据此便可轻易夺取燕云十六州,可没料到的是,宋朝在攻打辽燕京之战中却把自己腐朽虚弱的本质暴露无遗,辽军抵不住金兵的进攻,却并不惧怕与腐朽不堪的宋军作战。

北宋宣和七年（1125）八月，看到北宋腐朽虚弱本质的金帅完颜宗望、完颜宗翰把矛头指向宋朝。1127年初，完颜宗望、完颜宗翰攻下开封外城后，并未继续进攻，只是占领外城四壁，并假惺惺地宣布议和退兵。

此时，已为户部尚书的梅执礼劝皇帝亲自征伐，并请求太上帝后、皇后、太子都出京避难，却被当权大臣阻止了。

钦宗、徽宗二帝被掳后，金人说："和议已定，所需的数量如果满足，就把天子送回朝廷。"提出的议和条件是数以千万计的金银绢帛。事实上，几个月以来，金人三天两头向宋索要金银、马匹和少女，开封城经过几轮掘地三尺式的搜刮，百姓所积均已被劫。《孤臣泣血录》记载："公私所有，各已罄竭。"

## 殉难

梅执礼时为户部尚书，与陈知质、程振、安扶一起负责搜求财货，但他深知府库空虚，更深知京城百姓已到走投无路的地步，在民力如此困乏的情况下，金人所需巨资根本无法筹齐。最重要的是，金人欲壑难填，是一个根本满足不了的无底洞。值此国难当头之际，要么忍辱求全，满足强盗的要求而把沉重的负担转嫁到弱小百姓身上，要么置个人生死于度外，与敌人周旋。梅尚书毅然选择了后者，四人商定之后同执一词，严词拒绝了金人的要求。

而此时，偏偏有一个对梅执礼心怀怨恨又脑袋进水的太监，视个人恩怨大于家国大义，跑到金兵那边献媚："梅执礼他们欺骗大金国，城中现有居民七百万户，大金已索取的不到十分之一，民间还有颇多财富。眼下粮食紧缺，倘若允许百姓用金银向金人购粟麦，肯定有人响应。”金人听信，采用此招，果然灵验。金帅完颜宗望、完颜宗翰大为恼怒，当晚就把梅执礼等人“请”到营帐，责问道：“为何不向百姓征收赋税?”梅尚书凛然道：“天子蒙受羞辱，臣民都愿为他而死，即使肝脑涂地也在所不惜，黄金绢帛留着又有什么意义呢？只是因为民间实在是财力困乏，无法满足要求！”金帅问：“谁是官长?”程振担心执礼获罪，抢先上前说：“我们都是官长！”金帅更加恼怒，先抓住梅执礼的三个副职，各杖一百。梅执礼等人还想为受刑的人请求时，金帅下令让他们回去。梅执礼等四人出营后不久，突然一大队金兵追上来，高声喊道：“尚书且慢，我们元帅还有命令。”四人都下马受命，金兵上来二话不说，用锤子将四人依次击死，又砍下头颅示众。

这一天是靖康二年(1127)二月廿五日，梅执礼四十九岁。南宋《孤臣泣血录》记载：“是晚，大风拔木。”忠义之士殉难，草木为之含悲，风云因而变色。士人百姓听闻噩耗无不垂泪愤叹。

## 与天下同忧乐

一切并非偶然。梅执礼家境贫寒，幼年丧父，他的叔父梅瑢在抵抗方腊起义军时，为捍卫一方百姓而身亡。母亲胡氏教他读书，教育他大丈夫要有益于国家和社会。

当初钦宗、徽宗刚被扣为人质时，梅执礼悲愤异常，回家拜见母亲时说：“主上受辱，大臣横死，我还有什么脸面活着?”母亲说：“忠孝难两全，你受国家如此厚恩，应该倾心上报，不要以老人为念。”听了母亲的话语，梅执礼托兄弟赡养父母，毅然借赈给之名秘密联络军民，计划夜袭敌营救回徽宗、钦宗。虽然最终未能如愿，但梅执礼用他的行动践行了与天下同忧乐的家国大义。

梅执礼任礼部侍郎时，宰相王黼在自己的宅邸摆设酒宴，园池妓妾，极尽奢靡。梅执礼曾劝说："公作为宰相，应当与天下同忧乐。现今方腊在吴地作恶，满目疮痍，哪里是歌舞宴乐的时候呢？"退下后又用诗劝诫他。梅执礼自知已得罪王黼，上疏以不能引荐人才为由辞职。恼羞成怒的王黼以其在祭祀原庙（正庙以外另立的宗庙）时迟到为由，奏贬其以显谟阁待制知蕲州，又剥夺其官职，次年又改为知滁州。

知滁州期间，国家盐赋出现亏损，滁州百姓和全国其他地方一样，深陷强行摊征税物之苦。梅执礼不顾自己刚刚"起死回生"的境遇，向朝廷仗义执言："滁州比不上苏杭一个邑，食盐赋税又比粟粮赋税多数倍，百姓怎么能承受？"朝廷为此减免滁州二十万税物，缓解了百姓疾苦。滁州人民感戴梅执礼的仁德，在当地为其立像。梅执礼离任滁州时，百姓夹道送别，依依不舍。

## 追求自身完善

北宋元丰二年（1079），梅执礼生于婺州浦江通化黄茅山下（今兰溪梅江镇梅街头村），二十七岁进士及第走入仕途，他一生不避权贵、刚正严明、铁骨铮铮。

当时的大司成（国子监祭酒，掌儒学训导）强渊明赏识梅执礼，多次向宰相推荐，但宰相以未曾与梅执礼谋面推托。梅执礼听说后，并没有去拜见宰相，说，因为别人的言论而有所得，一定因为别人的言论而有所失去，我只要追求通过我自身的完善而有所收获就够了。

梅执礼担任武学博士(培养军事人才学校的学官)时,有人议论他为一介儒生,不适宜处置武事。但是梅执礼却做得很好,经常向学生和士兵们讲述武事于国家的重要性、武人于国家的职责,以国家大义激励学子们。

梅执礼任比部员外郎时,有位宫苑官吏把高达三百万钱的茶券拿来,声称是太监主管杨戬的意思,急需领取。大家都知道内有端倪,但比部官员都在要不要揭发的问题上犹豫不决,梅执礼却独自上奏并一人担责。

## 梅江之魂

高宗即位后,追赠殉难的梅执礼为通奉大夫、端明殿学士,后又加封其为资政殿学士,谥号"节愍"。儿子忠恕、忠范都被封为承务郎。

梅执礼通诸经,尤精《周易》,著有《文安集》十五卷。

明代开国文臣宋濂对梅执礼予以极高的赞誉,撰文曰:"执礼之事,尤光明俊伟,是盖无忝于溶者,使狗鼠小臣不泄其谋,则二帝未必北巡,高宗未必南渡。悠悠苍天,此何人哉!悲夫!"

明初名臣张孟兼诗《过梅节愍故宅》曰:"梅溪尚可作,吾亦溯微湍。力罢千金括,谋回万胜銮。孤忠殉社稷,乱石葬衣冠。依约曾栖处,枫邱血尚丹。"

梅执礼的出生地梅溪,是兰江最长的支流,因附近村庄多梅姓而得名,蜿蜒十里,文风鼎盛。旧志记载:"原浦阳南乡(即通化湖塘里)之水源出雷公、城窦诸山。西流二十里,有黄茅山出小水,经梅尚书宅前,溪以姓得名,曰梅溪。溪口小桥侧原有上马亭,相传为梅公上马处。溪水流数里入大溪。"古时的大溪即为现在的梅溪。

梅执礼殉难后,他的家乡一直流传着梅执礼的大义之举。梅江当地流传,"从县城到黄茅山下金刚肚,共有十八座梅执礼的墓,形式、大小都一模一样"。可惜如今均不见了踪影。

兰溪诸葛万田村是梅执礼的后人居住地之一。2012年,位于村中心的花园内塑起了梅执礼的雕像,村中建起了梅执礼生平馆。梅执礼的家国情怀,为后人所敬仰。

# 潘良贵，怀璧终身不见瑕

郑刚中与潘良贵是挚友，南宋绍兴二十年（1150），被贬谪岭南的郑刚中闻好友潘良贵逝去，于悲痛中作诗《哭潘义荣二首》，称他"藏刀所在留余刃，怀璧终身不见瑕"。

作为挚友，郑刚中无疑是最了解潘良贵的，潘良贵一生清贫，不慕权贵，历经三朝，于国于民保持着一颗赤诚之心。他们都生活在北宋与南宋的接隼时期，心怀治国平天下的理想，把人生的价值和意义寄于家国情怀之中。

## 太史第

潘良贵祖籍陕西，先祖在五代末年为躲避战乱迁往浙江，其中一支在婺州安居，繁衍生息，耕读传家，经过数百年的发展，潘氏家族居连村邑，田连阡陌，人才辈出。到潘良贵这一代，又被御赐"清潘"，称著一时。潘良贵是金华城区人，金华市区古子城酒坊巷的太史第，就是潘氏家族的重要居住地。

《酒坊巷》记载，太史第位于现酒坊巷北端，原称兴廉坊巷，即现在的酒坊巷北侧永福寺西，原建设有兴廉坊，历代均敕建忠清、进士坊，是一处石库门院落，太史第是金华城大户人家，为金华潘氏城区发源地之一。因宋朝著名进士潘良贵曾居住该巷而得名。

潘家读书成风，后裔人才辈出。后人敬仰太史第这块风水宝地，在巷内建造了不少考寓，如永康考寓、东阳考寓。

如今，太史第早已消失，当年的遗迹也已荡然无存，传说中的"良贵井"也早已不见了踪影，但小巷仍在，后人在太史第周边建造的永康考寓、东阳考寓等许多考寓还留有遗迹。遥想近千年之前，小巷周边是一片怎样的动人景象：考寓一座挨着一座，苦读的学子来了一批又一批，他们在此研读备考，书声琅琅……无数学子从这里走出去，走向朝堂，走向各行各业，走进历史。

## 不慕权贵

潘良贵天资聪颖，勤奋好学，过目成诵，可谓少年天才。不仅如此，他君子如玉、气度不凡。史料记载："（潘良贵）面白如玉，唇丹如朱，眉目疏秀，如画精彩照耀，见者谓为神仙中人。"

这位名门出身的少年天才，十四岁入州学，十九岁入太学，二十二岁进士及第。廷对时，宋徽宗非常认真地阅览了他的文章，认为他深谙孔孟之道且经学基础非常扎实，可以擢为第一名，最后因为主考大臣阻拦，潘良贵才屈居榜眼，授文林郎、辟雍博士。五年后又授太学博士。

潘良贵年少风华，鲜衣怒马。当时的少宰王黼、中书侍郎张邦昌、御史中丞郭三益都想把女儿许配给潘良贵。潘良贵却不管对方是真的看重他的学识才华，还是想笼络朋党，他都一一谢绝。他说："吾起家微寒，贵人之女安能执妇道，以事吾亲乎？"

北宋宣和四年（1122）十一月，潘良贵转秘书郎，当时新旧两党竞争愈演愈烈，尤其是蔡京集团用爵禄笼络名士，肆意迫害"元祐党人"。但蔡京父子对元祐学子潘良贵却是例外，数次在公开场合坦言想要与潘良贵结交,而潘良贵既不领情也不给面子。

北宋宣和七年(1125)二月,潘良贵提举淮南东路常平司,却与搅弄权术之人划清界限,甚至坚决不与奔走权贵之人同席共宴。当时,朝廷多用宦官,士人怕引来祸患,都不敢与这些宦官计较是非曲直,而潘良贵是个例外。有一次,兵部员外郎程瑀以调舟夫之事弹劾内侍王琦,而王琦却反过来说程瑀违抗圣命。皇帝一时难以决断,就命潘良贵核查此事,经过调查,潘良贵据实上报王琦所言不实,程瑀获免。

## 诤言真谏

北宋政权因为多年朋党政治积淀和腐朽统治,已处于内外交困之境地。一方面,国家内部"盗贼"猖獗,朝廷为平息席卷东南的方腊叛乱已元气大伤;另一方面,金兵大举入侵,民族矛盾日益加剧。

北宋宣和三年(1121),潘良贵力抵廷臣,向徽宗进言分析农民起义的原因,正是由于朝堂上阿谀谄佞之人过多,屏蔽了天子对外界信息的了解。潘良贵的进言可谓真知灼见,却得罪了大批当权者。

北宋宣和七年(1125),徽宗将皇位禅让给长子赵桓(钦宗),然而,钦宗从徽宗手中接过满目疮痍的江山仅仅十四天,金军便以迅雷不及掩耳之势兵临城下。钦宗无奈之下求和,但金军除了要求赔偿钱财之外,还提出割让太原、中山与河间三镇等涉及国家领土主权的要求。在国家政权处于危难之际,朝廷的士大夫们依然党同伐异,陷入又一轮政治纷争,最后以割让三地委屈求和而告终,国家因此也陷于更危险的境地。然而,朝廷的内乱还在继续,一心主战的李纲被打成"蔡京余党","臣僚"轮番上疏列举李纲十大罪状……北宋靖康元年(1126),唐恪以为和议已成,甚至遣散了准备集结在汴京的勤王军。此时,潘良贵求见钦宗,当钦宗问良贵谁可担国家大任时,他直言道:"何栗、唐恪等四人不可用,他日必误社稷,陛下若欲扶危持颠之相,非博询于下僚,名扬于微陋,未见其可。"潘良贵建议钦宗广开言路,不要听信一家之言。

潘良贵任淮南东路常平司时,洞察到金国绝不会满足于现有利益,必然会再次南侵,再次建议钦宗去除窃国弄权、欺君惑主的奸佞之臣,养兵蓄锐,广开言路,为收复失地做好准备,否则北宋政权亦岌岌可危。然而这些正义直言却被当权者指为狂率,他也遭到了贬黜。

潘良贵的一次次诤言没有被采用,历史却不幸被他言中。金军势如破竹一路攻下京师,北宋一败涂地,发生了"靖康之难"。

## 廷叱主和派

赵构登基改元"建炎",然而,彼时宋朝不仅国家实力已消耗大半,人浮于事,宋军完全被挫败感所笼罩,"将不知兵,兵不知战"。在战乱中接过政权的高宗在长江以北逃亡了一年后,又于建炎三年初躲避于扬州,继而南下,最后形成偏安江南的局面。然而,在这几年的动乱当中,朋党之争从未停止。争论的核心主要围绕两点:一是坚持抗金或是妥协求和;二是南宋政权建立后应推行何种学术思想。时代抛出的两个问题构成了南宋政治的运作轴心,两者相互联系又相互促进,士大夫的政治立场与学术主张围绕这两个问题而展开争论。

建炎元年,李纲拜相,主内整修朝纲,宗泽主外,领兵对抗金军。但李纲的相位在短短七十五天后被撤,不久他便被流放岭南。宗泽"出师未捷身先死"。朝廷内部党同伐异、朋比为奸的政治局面进一步恶化。

潘良贵五月被召为左正言,六月擢为右司谏。他多次上书谏言,意在建立赏罚分明的制度以扭转颓废的世风。然而朝堂积重难返,潘良贵又因此得罪了汪伯彦、黄潜善集团。事实上,潘良贵与汪伯彦、黄潜善的分歧仍然是主战和主和的问题,潘良贵坚决主张抵抗金军,不因权贵有丝毫改变。不久,潘良贵请祠,主管亳州明道宫。

南宋绍兴元年,偏安江南的南宋政府无力与金抗衡,高宗采取对外履行和议,对内实施"更化"的方针,目的在于对北宋末期以来的党争进行全面的清算,恢复"元祐学术"。

宋高宗恢复"元祐学术",潘良贵作为元祐学子得到重用。南宋绍兴五年(1135)试秘书少监,六年正月拜中书舍人。

南宋绍兴八年(1138),潘良贵因"绍兴和议"被召用,时宋廷兵力已今非昔比,宋金关系发生了变化,但因为高宗对金人的惧怕和对自身实力的错误估量,仍然主张与金议和,并且起用秦桧负责和议事宜。潘良贵虽知道高宗主和,仍坚持上谏,甚至在朝堂上厉声斥责主和派人士向子諲"以无益之言久烦圣听",为此惹怒了高宗。南宋绍兴九年四月,潘良贵知明州。最终,南宋朝廷在秦桧及其党羽的计谋下,于绍兴十一年签订了丧权辱国的条约。

## 清贫一生

南宋绍兴十九年(1149),李光因小史案获罪,大批士人被贬,潘良贵也因与其有通信在被贬之列。第二年,潘良贵匆忙走完了他的一生。

《金华先民传》记：自少至老，出入三朝，而前后在官不过八百六十余日，所居仅蔽风雨，郭外无尺寸之田，经界法行，独以丘墓之寄输帛数尺而已，其清苦贫约盖有人所不堪者，而处之超然……常诵君子三戒之言……身为朝廷官员，居住的房屋仅能挡风遮雨而已，无田无地，生活之清苦，不是一般人能承受的，而他却处之泰然。

宋濂记潘良贵："平生忠义凛上，虽然更流离困叛，辄废寝食数至危殆。"潘良贵无时无刻不心系家国百姓，即使身处颠沛无依的境地，依然秉承爱国恤民之信念，诠释了其"刚介清苦，壮老一节"的一生。

潘良贵博学多才，是当时著名的学者、诗人，朱熹、宋濂、范浚等大儒都对他钦佩不已。著有文集十五卷，朱晦庵（朱熹）为之序，称"其人可当孔子，所谓刚无欲者"。

潘良贵放下了富贵荣辱，唯独放不下家国大义。他没有上过战场，没有机会部署过抗金战略，但在南北宋隼接、靖康之难前后的动荡时局中，他以一颗磊落、坚韧的赤诚之心，执念家国的复兴。

"雍雍南飞雁，北信杳难觅。不知二圣君，泫然泪沾臆。""冬深江北无边报，又得安贫过一年。"从这些潘良贵留下的诗句中，我们似乎又看见，那个遥望北方的清癯身影。

# 郑刚中，万里家山孤枕梦

2022年的清明，不见纷纷之雨，却有阳光明媚、蓝天白云。北山脚下曹宅镇那片土地，那个自然发展形成的盆景大观园，如一条苏醒的绿龙，生机如风。郑刚中就长眠在其间，在一座小山之上，有数亩之地。

## 墓里的玄机

这里并不是原墓，南宋绍兴二十四年（1154），郑刚中死于贬谪地封州后，家人迎他回到他几度梦回的家乡，将他安葬于北山脚下的五凤楼（御封山名）。2005年，因为长山垅水库扩容改造，郑刚中的墓被迁移到数百米之外的现在地址。

墓园内干净肃穆，建筑体清一色用灰砖砌成，与按原样恢复的古墓形成一个统一的整体。墓的外形用青砖砌成八角形的须弥座形，腰部由考究的砖雕围成，这砖雕并不简单——图案都为简单却独立的造型，有马、狮等动物和荷、兰等花卉，似是由模印制作，又似不是。专家考证，这是金华历史上最早出现的砖雕，同时存在模印和雕刻两种工艺，印证着砖雕从模印到雕刻的漫长过渡时期。

近千年的时光已成遥远的梦幻，而这跨越而来的砖雕，又证明千年前的时光里，一切都曾经存在，生于这片土地、长眠于这片土地的郑刚中，在那个屈辱的时代，在抗击金人的最前线，曾经精心灌注过民族的骨骼。

一个地方砖雕技艺的历史脉络记录在郑刚中的墓上，这并不为奇。这些让工匠们为之竭工尽技的墓上砖雕，无论其是出于对一个文臣武将的尊敬，还是对一份爱国精神由衷的敬仰，或仅仅是对先进技艺在浩瀚历史长河中的记录载体的选择，都表达出一种深刻的民间情感和信仰。

## 正气凛然

郑刚中的墓前立有炉台，"正气凛然"四字刻于炉台之前，这是郑刚中的后人对他的凝练总结，也是他对后人的恩泽。毫无疑问，在郑刚中的人生中，还铺展着更深远的内容。在来到北山脚下曹宅这片自然盆景大观园之前，我翻阅了一些他的资料。郑刚中出身贫寒，一度依靠他的妻子变卖嫁妆维持温饱，他却常说："人最怕的是不仁不义地过一辈子，自古以来还没有穷死的。"他写诗《自笑》："他人将钱买田园，尚患生财不神速。我今贷钱买僻书，方且贪多怀不足……"我似乎能想象，他生活在离此不远的曹宅村，村民们视他为"怪异"的目光。只可惜，他存于曹宅村的少时和青年时的样子，在近千年的时间里早已化为虚无。

郑刚中晚熟，四十四岁考中探花，才开始他精彩的人生。初涉政坛，任温州判官，遇到百年大旱，他提出"以工代赈"的方针，即鼓励灾民自主自救，按照完成工程的情况给予赈济财物。郑刚中的不俗政见得到了秦桧的赏识和推荐，四十八岁任敕令所删定官，又得到高宗的赏识，任宣义郎，兼太常博士。

秦桧作为南宋主和派的代表和奸臣，已被百姓咒骂八百多年，特别是他第二次拜相期间，极力阻止恢复中原，贬斥抗金人士，被贬谪流放的文人数量庞大，苏东坡就是其中的代表。郑刚中与秦桧同朝，初被拉拢后被贬谪，他的命运在那个历史河流中早已注定，而这一过程，却是郑刚中的舞台。

南宋绍兴八年（1138），秦桧派王伦为计议使，出使金国乞求和议，屈辱称臣，枢密院编修胡铨为此写下著名的《戊午上高宗封事》，声明"义不与桧等共戴天"，要求高宗砍下秦桧、王伦的头颅，如若不然，他宁愿赴东海而死，也绝不处小朝廷求活。秦桧称之"狂妄凶悖"，想方设法除之而后快。秦桧权倾朝野，大多爱国文人将士避其锋芒，怒而不敢言。而此时的郑刚中作为秦桧的被举荐者却挺身而出，率领同级官员营救胡铨，最终奏准高宗开恩，使之得以幸免。胡铨为江西吉安人，自此被贬谪多地，颠沛流离，但志苦心劳、好学不厌，经史等多有所成。晚年定居庐陵青原山南麓。

此事中的郑刚中一身胆气和忠义，固然得罪了秦桧，却也得到了高宗的重用。

## 伏熊在西

南宋绍兴十一年（1141），宋金重开和议。在此期间，就和尚原的归属，川陕制帅胡世将与朝廷之间发生了意见分歧。和尚原为蜀口要害之地，在绍兴三年一度被金军所占，反又被宋军夺回，金人在终止军事攻势后，希望利用外交谈判取得这一四川屏障。时任制帅胡世将坚决反对割让和尚原，为此连续向朝廷上奏，并搬出武将的意见。作为地方官员，这一作为让朝廷怀疑胡世将与四川诸将合而为一,形成了一股异己的势力。就在胡世将为保存和尚原据理力争之际,朝廷派郑刚中为专使前往川陕,朝廷令郑刚中绕开胡世将,直接对其属下"诸将"宣谕,以分化、架空胡世将的势力。

胡世将一心谋国,心力交瘁,却遭无端猜疑,有口难辩,于绍兴十二年(1142)病逝。

郑刚中来到四川,目睹了川陕边防的形势后,向朝廷上奏,"商、秦二州并和尚原,皆陕蜀要害,不可与"。但一心只想缔结和约的高宗怎能听得进去,迫于朝廷的压力,郑刚中无奈选择退让。处于那样一个时代,有如胡铨者半生贬谪飘零,有如胡世将者心力交瘁而无端被猜疑。每个人,不过是时代的泥沙。

南宋绍兴十二年(1142),郑刚中任川陕宣抚副使。四川对南宋而言无疑是襟喉要地,对为官者而言却是是非之地。

南宋偏居南方、背海立国,所依赖的只有长江天堑,为抵抗北方金人,将千里江面设为防御地区。四川地区位于长江中上游,重要性不言而喻。军事上,武将集团崛起,重兵在握。经济上,大批北人因社会混乱南渡长江,西入川蜀,带动了天府之国的经济快速增长。政治上,中央与地方官员之间的关系彼此依赖,也彼此防范,官员之间关系错综复杂。在郑刚中前往四川之前,四川制帅张浚被贬黜,胡世将心力交瘁病逝。

郑刚中在四川,完成与金国的划界后,他对大军的部署进行了调整——将三大主力部队分别派往三个不同的区域,此举也叫移屯。检校少师、镇西军节度使、右护军都统制、阶成西和凤州经略使吴璘屯兴州,检校少保、武当军节度使、利州路经略安抚使兼知兴元府、宣抚司都统制杨政屯兴元府,检校少保、奉国军节度使,金房开达州经略安抚使兼知金州、枢密院都统制郭浩屯金州。从他们前面一连串的官衔中可以看出,"蜀中三大帅"个个不是省油的灯。移屯过程中,杨政不从,郑刚中呼道:"宣抚欲移军而都统制不肯,刚中虽为书生,不畏死也。""声色俱厉,政即日听命。"

虽然蜀中三大将被调派到各地,但各将所统之兵却没有拆分,保留原来的建制。这既保证了川陕前线防御力量,又便于朝廷节制,安定了四川局势。

郑刚中之前的制帅席益、胡世将都曾采取过一些措施,但因战争尚未结束等,收效有限。郑刚中接手后,采取了三大措施:一是移宣抚司到利州;二是减免捐税,放宽禁榷;三是于阶、成两州置营田三千余顷。

四川军队庞大,军费开支也惊人,百姓苦不堪言。靖康之后,一场旷日持久的宋金战争展开,川陕地方成了硝烟弥漫的战场。金人铁蹄所到之处,房舍焚毁,土地田园荒芜,人民四处流亡。阶、成、西和、天水、兴、凤、洋、利等九州府有许多荒闲、主人无力耕种的土地,前人曾命令部队耕垦这些土地。郑刚中根据前人的措施,开展营田运动。让士兵在不打仗的时候进行耕种,将生产的粮食作为军粮;召集逃走在外的农民回到自己的家乡,发给他们种子、耕牛,减免赋税,让他们安心生产。郑刚中有条不紊地推行营田法,赏罚分明,勤者赏,怠者罚,军中乐从,农夫乐耕。"绍兴十五年……郑刚中于阶、成二州开营田,抵秦州界,凡三千余顷,岁收十八万石。"

郑刚中凭借险要的地理位置,在川陕根据地取得了实战防守和战略防御经验,为后来旷日持久的抗元战争建立了强有力的防御体系。郑刚中在川陕开展军民营田运动,鼓励士兵携带家属在边寨营田,鼓励流亡百姓开荒种地、建设家园,同时,减轻军粮运输之困苦,防止商人对粮食囤积居奇,稳定粮食价格,最终使兵民获得粮食,足食足兵,兵民两富,为抗金及南宋后期持久的抗元战争奠定了物质基础。

免杂征;严教训,重积聚;整军旅,强武备,金兵不敢犯。简明扼要的概括,正是郑刚中心中那个"仁义"的世界。川陕根据地的建设折射了郑刚中爱民忠国的理想。

世人称"宗泽猛虎在北,刚中伏熊在西"。

陈亮在时间的长河里遥望郑刚中在四川的作为,竖起大拇指,刚中真乃能臣。

## 孤枕思乡

就在四川的形势不断转好,郑刚中的权力不断加强的时候,从高处滑落的陡坡也即将来临。南宋绍兴十九年(1149),郑刚中被贬封州(今广东新兴县东南、开平市西)。其中的缘由,有郑刚中"以事忤秦桧",有武将推波助澜。文臣以中央之力打压武将,武将同样利用中央对付文臣。郑刚中作为外来的帅臣,也决定了他与地方势力之间的矛盾不可能从根本上消弭,他也不可能在四川扎下根来,中央对他的信任,又往往会随着他在四川的影响力的增长而不断消失。从一开始,他的命运就已注定。

从一个文人到地方制帅,如今又成为一个贬谪文人,人生就是这样来来回回,只是当他做回到一个文人的时候,所有的都已与原来不一样,就如一个在战场厮杀过的将领,他对土地的认识不再只是耕种。在他人生的最后时期,我们还是来读一读他的诗歌吧。

> 木偶漂来万里身,自怜藏拙向三春。
> 人穷但有哦诗债,意懒终无下笔神。
> 屋后云深鸡失晓,厨中饭尽鼠嫌贫。
> 五更小雨却堪喜,数垅寒蔬色已新。

这首《自怜》,是郑刚中在贬谪地的生活写照——漂流万里,生活穷困一无所有,但还有诗债未还,却意懒心灰终无下笔的动力。厨房里早已断粮,老鼠都已嫌弃,屋后没有人烟,云深天阔,听不到鸡叫的声音。五更听到屋外下起了小雨,甚喜,数垅蔬菜已长出新叶。

郑刚中在《岳阳道中》自注:旁有酒肆,终日不售,予往沽之倍贵,谓予无占位牌,诈官也。——郑刚中去酒肆,酒家卖给他的价格要比售价高一倍,说他没有占位牌,是个假冒的官。看来郑刚中在封州被人霸凌、折辱不假。

郑刚中在贬谪地,穷困潦倒,甚至断食。他耕地种菜养鸡,生活仍难以自足,甚至到了断食断炊的境地。郑刚中自己怜自己,把许多事都放在心里,等待春天来临。

"万里家山孤枕梦,满城风雨五更心。"(《初春七言》)

"思乡化作身千亿,底事柳侯深念归。"(《读柳子厚若为化得身千亿散上峰头望故乡之句有感》)

"胡为今夕光,熠熠似相报。天乃天地慈,四海施洪造。"(《正月十一夜灯开双花》)郑刚中郑重其事地描述由灯花而产生的美好想象,是他思乡至极的变相表现。

南宋绍兴二十四年(1154),郑刚中怀着"向三春"的希望,走完了他一生的行程,时年六十七岁。一个践行着心中"仁义"世界,怀揣浓厚爱国主义的士子,在秦桧死后恢复本来的样子——资政殿学士的官职,追谥"忠愍"。

我想,郑刚中早已预料自己的结局。在他被朝廷任命为宣谕使,让他绕开胡世将向"诸将"直接宣谕的时候,当胡世将死前把宣司大权交到他的手中的时候,当他上奏朝廷和尚原不可让而被施压的时候,他就知道,胡世将的结局就是他的结局。甚至,他也知道,秦桧是他的"死局"。他"藏拙向三春",他等待的时机,就是秦桧的死。只是,他没有想到,他先于秦桧而逝。

# 胡则的读书声

千年之前,少年胡则曾在方岩山上潜心苦读,在春天里看过清泉从长满青苔的岩石边淙淙流过,在秋天里看过落叶飞舞……方岩山上的一草一木、一山一石,无不浸润过他的读书声。方岩山上留下过他的脚印,也留下过他的忧伤、烦恼,以及一个少年对前程的无限憧憬。他从方岩山下去,许多年后又回到了这里。当他回来的时候,他已走完了这一生的旅程,以神的形式在这里守护着一方百姓。

## 《别方岩》

青年胡则作别方岩已有千年,如今的方岩已历经沧桑,印满了人间的悲欢离合。石牌坊已经古旧,石子路已经磨光了肌理……然而,"天门"总是那样热闹,似乎在千年的时间里从未停息。

离开方岩的时候,青年胡则写下了《别方岩》:

寓居峰顶寺,不觉度炎天。山叟频为约,林僧每出禅。虚怀思往事,宴坐息诸缘。照像龛镫暗,通宵磬韵传。冥心资寂寞,琢句极幽玄。拾菌寒云外,烹茶翠竹前。远阴临岳树,清响落岩泉。僻道无来客,深秋足乱蝉。松风生井浪,溪雨长苔钱。自省浮尘世,终难住永年。遍游曾宛转,欲别重留连。明日东西路,依依独黯然。

如今,"天门"之上的"天街"平坦而热闹,两边是已成参天的树林,阳光下,斑驳的树影如水墨大画泼在古旧的石板路上,长出股股仙气来。

耳边响起钟声,似是胡则的读书声,也似他在朝堂之上的为民请愿声。钟声来自胡公殿,殿内烛火煌煌,胡公大帝端坐在里面,红色的脸含着笑意,游客们挤进殿内,满脸虔诚,俯下身去,顶礼膜拜。叩拜一位善者心怀百姓的慈悲,祈祷美好。

## 四十七年宦海沉浮

从方岩出去又回到方岩的路,是胡则四十七年的宦海沉浮。这四十七年的时间里,胡则做了什么呢?

"献策镇西,遣返役夫,整治钱荒,睦邻怀远,三保田庄,改革盐法,力治钱塘,奏免丁钱,兴教重才……事三朝,十握州府,六持使节,两扶相印。"这是后人对胡则宦海生涯的高度概括。

高度概括的故事,已在百姓中传唱了近千年。特别是发生在北宋天圣十年(1032)的事,百姓总是会在碰到危难的时候,又一次想起、提起、感恩、怀念。那一年,七十岁的胡则任工部侍郎、集贤院学士,恰逢长江、淮河流域遭遇大旱,粮食歉收,许多百姓饿死。胡则看在眼里、痛在心头,上疏请求免除衢、婺两州百姓的身丁钱,救两州百姓于水火之中。古往今来,这个故事也成为文艺工作者创作的源泉。记得多年前,我曾看到过一幅《胡公上疏》的画:胡则跪于朝堂之上,他的背后哀鸿遍野……一个七十岁高龄的官员倾其所能守护一方百姓的故事感天动地。立于画前,我似乎明白了百姓对胡则的情感。

岁月流转,胡则宦海沉浮中无数个日子的殚精竭虑、思深忧远已成为历史,但他那一心为民的赤诚却留在人间。在近千年的时间里,百姓为这颗赤诚之心立庙祭祀,举办庙会。

## 庙会和胡公庙

农历八月十三,是胡公的生日。在每年农历八月和九月两个月的时间里,永康百姓都会自发开展规模宏大的纪念活动,经过千年的发展,已形成闻名江南一带的胡公庙会。

在永康芝英,古往今来传承着"迎老胡爷"的民间活动,百姓以此形式纪念、朝拜、祭祀"胡公大帝"。

芝英有着悠久的历史和厚重的文化,是永康最大的集镇,也是应氏人口聚居的地方。"迎老胡爷"在芝英传承久远,每年农历八月初八到八月十七之间,这里总会风雨无阻地举办同一活动。活动的内容在岁月长河里被不断融入时代的内涵,但这一形式从未改变。芝英共有八个村庄,这一年轮到芝英二村张罗此事。

芝英二村有八百多个村民,除去老人和上学的孩子,以及大批长年在外经商创业的青壮年,留在村庄里又有能力参加活动的人并不多。即便如此,村里还是凑齐了一支二百多人的活动表演队伍,用了三个多月的时间,排演了"迎老胡爷""打罗汉""吹洋号""打洋鼓"等节目。活动分为三天举行:八月初八,在芝英的八个村庄表演、游行;八月十二,到芝英外延的十三个村庄表演、游行;八月十三是胡公的生日,是活动的高潮,活动表演队伍一早就上方岩山加入各地汇集在一起的胡公庙会活动的队伍中。

我能想象出,二百多位村民为了排演"迎老胡爷"活动,调整一家人的生活和作息,排出时间来到村里统一排演的场景。二百多人参加活动,就是二百多个家庭参加活动,就是二百多个家庭所有的亲戚朋友在朋友圈里参加活动。就如多年前我母亲参加村里的"打罗汉"表演时,她总会每天在电话里跟我说排演过程中每个细小的欢乐,活动那一天的每个细节,母亲说了再说,说了再说,许多天后才慢慢淡去。一家人都陪着她感受整个过程的琐琐碎碎。胡公庙会已成为永康百姓生活中的一部分,一个神圣的使命。参加胡公庙会活动的每一个个体,都是抽象了的感恩符号、祝福符号。芝英二村的"迎老胡爷"只是规模宏大的胡公庙会的一个小小缩影,只是千年历史长河中的一个眼下的存在。

据永康胡公研究会的调查,金华有一百零二座胡公庙,全国有胡公庙三千多座。相关资料记载,早在胡则逝世八十多年后,民间就有了不少胡公庙。宋宁宗时,"庙祀于衢、婺之间,无虑数十";宋理宗时,"婺有七邑,在建祠";元代,胡公之别庙,"布满于郡境,不啻数十百区";明代"多有侍郎行祠";清代的祠宇就更多了,"浙东千里,几无一邑一乡无公庙",除了金华地区,"暨绍台温处诸郡公庙以千百计"……

## 无数后来者

胡则的读书声,引来了无数的后来者。

当代中国画坛山水画艺术大师陆俨少在没来方岩之前已在梦里先来。有画作《方岩梦境》为证,他在画中记道,记予昔时曾梦至一地,径路穿竹树中,对面石壁间屋宇排列高下,如蜂衙然,深嵌洞窟间。心正彷徨，似有人谓予曰："此方岩也。"

1932 年，郁达夫在《方岩纪静》中写道，一年四季，方岩香火不绝，而尤以春秋为盛，朝山进香者，络绎于四方数百里的途上。金华人之远旅他乡者，各就其地建胡公庙以祀之，虽然说是迷信，但感化威力的广大，实在也出乎我们的意料之外，这就是方岩的盛名所以能远播各地的一近因，至于我们的不远万里，必欲至方岩一看的原因，却在它的山水的幽静灵秀，完全与别种山峰不同的地方。

半个多世纪前，山水画一代宗师黄宾虹以此为景画下的《方岩图》，已成为中国绘画史上的珍藏。

原中国体育报社社长兼总编辑、著名学者鲁光，从小生活在方岩山脚下。他在晚年回到家乡时，创作了许多胡公和胡公庙的绘画作品，其中一组红烛的作品，抽象地表达了作者对胡公、对家乡的情感。红烛长明，胡则永远活在百姓心中。

……

每年大年三十的晚上，方岩山总是因为胡公庙而人如潮涌。几年前，我曾与家人在大年三十晚上爬上方岩山，被看到的情景深深震撼：胡公庙前所有能插足的地方，都摆放着从全国各地赶来的人们朝拜的祭祀品，人们跪于庙前，脸上写满虔诚。这人山人海，在凌晨之前达到顶峰，新春的钟声敲响、留下新春的祝福之后人们才慢慢散去。

千年一脉
古婺家国情怀

# 五峰书院与永康学派

位于方岩山后山的五峰书院,是永康、金华乃至浙江的一个文化地标。南宋偏安南方,金华、永康集聚了大批名儒雅士,吕祖谦、陈亮、叶适、潘文叔、时少章等一大批当时的思想领袖因讲学而聚集在五峰书院,"永康学派"由此创立。

## 五峰讲学

"永康学派"的形成,得先从吕祖谦说起。南宋淳熙二年(1175)前后,吕祖谦先后为母亲、父亲丁忧,居住武义明招山,来请教的学子汇聚,达数百之众,渐而形成讲学形势。此事传到心学创始人陆九渊的耳里,他对吕祖谦在母亲、父亲丧中讲学的行为很有看法,认为其自损"纯孝之心",吕祖谦的老师汪应晨也写信希望他不要在哀苦过度之际耗费精力讲学。然而四方学子已经汇聚在明招山,如何安置这些学子呢? 吕祖谦写信将此事及难处告诉了陈亮,陈亮支持吕祖谦把讲学地址由武义明招山迁到永康五峰书院,并推荐吕皓协助办学,朱熹知道后也很赞同。

正在永康五峰书院研学的吕皓欣然应允,不仅协助吕祖谦讲学,而且在五峰书院附近的石鼓寮购置了田产以备办学经费,还与吕祖谦商量建造房舍。风云际会,五峰书院为此聚集了吕祖谦、陈

亮、叶适、潘文叔、时少章等一大批当时的思想领袖,讲学规模前所
未有,并引起了朱熹的关注。

## 陈、朱论战

南宋淳熙十一年(1184)五月二十五日,陈亮出狱回家,看到朱
熹四月的来信,要他"绌去义利双行,王霸并用之说",做一个"醇
儒"。

事实上,陈亮一生多灾多难,曾经三度入狱。第一次入狱是在
淳熙五年(1178),他在连上孝宗皇帝三书后,回归故里的途中,酒
后言语中有犯上言词,为席间之人告发。刑部尚书何澹诬告陈亮
图谋不轨,将其拷打得体无完肤。孝宗知道这事后,为陈亮开解,
说:"秀才醉后妄言,何罪之有?"陈亮得免一死。第二次是在淳熙
十一年(1184),时年陈亮已四十二岁,在一次乡里间的宴会上,因
为怀疑食物有毒,被捕入大理寺,后得友人辛弃疾等人的援助,才
得以出狱。第三次在绍熙元年(1190),陈亮家僮吕兴、何念四殴打
吕天济几乎致死。吕天济诬告说这是陈亮指使的凶杀,欲置陈亮
于死地。后来幸有大理寺少卿郑汝谐了解案由,在孝宗面前力言,
陈亮是"天下奇才也。国家若无罪杀士,上干天和,下伤国脉矣"。
在皇帝的过问下,陈亮才得以脱狱。

陈亮出狱后看到朱熹的来信,很快写了回信,这就是有名的
《又甲辰秋书》。陈亮在此信中集中谈了两个问题。其一,关于做
一个什么样的人的问题,陈亮回答自己决不做一个儒者,而要做
"堂堂之阵,正正之旗,风雨云雷交发而并至,龙蛇虎豹变见而出
没,推倒一世之智勇,开拓万古之心胸"的"成人"。其二,对汉唐的
历史评价问题,朱熹认为天理、人欲不可并存,鼓吹"存天理,灭人

欲"，让人们脱离现实斗争而去修身养性。陈亮以汉唐社会"万物
阜藩"这一无可否的历史事实，从功利主义观点出发，说明汉唐的
治道是合乎道义的，驳斥了朱熹的倒退历史观。两人的争论关系
到南宋社会的前进，是抗金中兴，还是苟延残喘自取灭亡。

南宋淳熙十二年(1185)春，四十三岁的陈亮写了长信《又乙巳
春书之一》，这是对朱熹前一年秋天来信的复信，也是继《又甲辰秋
书》后，就王霸义利问题和朱熹进一步展开的辩论。为了使人在天
地间有所作为，陈亮还旗帜鲜明地号召大家要做一个德才兼备，特
别是"百炼气血"干得动，"挟得转"世界的全人，而不去做儒者，并
主张把适用于当时社会的历代进步思想家的进步思想，如"搅金银
铜铁，镕作一器"那样吸取下来，为当时的现实斗争服务。

朱熹看了这封信后，生怕陈亮的理论为"后世传闻，转相习
染"，就急切地写了一封长信，在信中仍然坚持他的"天理""人欲"
的纲领。对此，陈亮又写了《又乙巳春书之二》这封回信，针对朱熹
的述论点进行驳斥。

同年，陈亮又写了《又乙巳秋书》，这是答朱熹复《又乙巳春书
之二》的来信的复信，也是同年写给朱熹的第三封信。

"陈朱论战"开始后，双方朋友陈君举以调停人的姿态劝说陈
亮偃旗息鼓，这是陈亮所不能接受的，于是写了《与陈君举》。同
年底，陈亮写信给左丞相王淮，这封信就是有名的《与王季海丞
相》。

一场在思想领域影响深远的"王霸义利之辨"持续了十多年，
并掀起了永康历史上第一次文化高峰，并由此形成了"永康学
派"。

在这一历史性的盛况中，陈亮先后写下了《又甲辰秋书》《又

乙巳春书之一》《又乙巳春书之二》《又乙巳秋书》等不朽的光辉篇章。

## 浙江经济崛起的灵魂

陈亮一生的思想发展历程,由青年时代单纯研究军事到壮年时代研究政治、军事,直至后期研究政治和哲学,其思想不断成熟,渐趋完善。但不论其单纯研究军事也好,还是政治、军事一道研究也罢,抑或政治、哲学齐头并进,陈亮所研究的一切,都是在抗金中兴这一大前提下进行的。尤其是在后期和朱熹的论战,他把当时的学术权威、思想界和学术界的泰斗朱熹批驳得难以招架,使朱熹大为恼火,不断感叹陈亮"才太高、气太锐、论太险、迹太露"。"陈同甫学,已行到江西,浙人信向已多,家家谈王霸,不说萧何、张良,只说王猛;不说孔孟,只说文中子,可畏!可畏!"陈亮为此创立了南宋浙东学派中鼎足而三,能与程朱理学相抗衡的"永康学派"。

南宋绍熙四年(1193),陈亮五十一岁,应考于礼部,礼部奏名第三,光宗皇帝御笔一挥擢为第一名。

陈亮状元及第,按惯例举行琼林宴。琼林宴上,光宗赐他御诗。陈亮用光宗赐诗原韵写了《及第谢恩和御赐诗韵》,难免对光宗皇帝歌功颂德一番,但是其中的"复仇自是平生志,勿谓儒臣鬓发苍",却是真实地表达了自己为国效劳的夙愿和决心。只可惜,此时已是他人生的最后一个年头。

第二年,陈亮五十二岁,他走过人生的坎坷,心力交瘁,终因"忧患困折,精泽内耗,形体外离",未能实现自己一生的政治抱负,带着深深的遗憾离开人世。叶适、辛弃疾等为之作了祭文。

浙江省社会科学院哲学所原所长腾复认为，陈亮求实务实的精神、无私无畏的心胸和开拓进取的精神，成为浙江精神的重要组成部分。"王霸并用"的思想，在南宋正是国家所需要的思想。当国家、民族处于危亡关头，是没有理由空讲仁义的，儒学的仁义是国家强大时用来安抚四邻的，是国家昌盛时用来安定社会的。"义利双行"的思想，也是当时社会需要的思想。国家要强盛，必须关注国计民生和百姓生活。在这一观点上，浙江历史上除了陈亮的"永康学派"之外，先秦的思想家们，以叶适为代表的"永嘉学派"、以吕祖谦为代表的"金华学派"，以"甬上四先生"为代表的"四明心学"，以及后来明代的"阳明心学"和"姚江学派"，明末清初黄宗羲、章学诚代表的"浙东经史之学"，以及吕留良、张履祥等代表的"浙西理学"，直到清末民初龚自珍、孙诒让、章太炎、朱一新、王国维、蔡元培等思想家和他们代表的思想流派，他们的观点也都惊人地一致。务实、求实，讲求实效，重商、重利，农商皆本，义利双行，这也正是浙江精神的传统，一脉相承。

浙江工商大学、杭州职业技术学院的学者认为，陈亮是中国封建社会中后期批判正统经济思想的先驱。浙东事功学派包括陈亮所体现出来的浙江精神在改革开放中得到了前所未有的发扬和光大。浙江人民奋发图强、致力实业，涌现了一大批实业家。浙东事功学派的影响一直渗透在浙江这片土地上，在浙东学派文化传统的影响下形成的浙江区域文化特性，与其他地区相比，文化中"功利、务实、创新"的特性特别明显，这是浙江经济崛起的灵魂。

# 永康学子与阳明学

在五峰书院,曾经出现过两次文化高峰,以陈亮为代表的"永康学派"之后,王阳明心学的传播掀起了又一个文化高峰。

明嘉靖元年(1522),黄绾(王阳明高徒)来永康游学访友后,应典、程文德、卢可久、程梓等一批永康学人怀着对知识的渴望,前往绍兴向王阳明先生问学,学成归乡之后在永康五峰书院讲学。在此后的百余年时间里,芝英的应典、应廷育、应兼、卢可久,独松的程文德,文楼村的程梓、程正谊,象珠的王楷、王同庚、王同雍,太平的吕一龙、吕瑗,吕南宅的吕五松,金城川的朱天启等百余人参加了王阳明心学的学习、探讨与传播。五峰书院的讲学活动一直延续到明末清初。

## 应 典

应典,字天彝,号石门,永康芝英人。他一生追求圣贤之崇高境界。明正德九年(1514),应典高中进士,被任命为兵部职方司主事,掌管疆域图籍与职贡。后又调任车驾司主事,负责军队车驾事宜。后辞官归乡,讲学于五峰书院。

史料记载,在明正德九年(1514)至正德十五年(1520)间,应典曾四访应良、黄绾于台州。

明嘉靖二年(1523),应典在好友黄绾、应良的直接影响下,又经黄宗明(宁波鄞县人,浙中王门学者)介绍,前往绍兴寻访并师从王阳明,聆听"致良知"之教,并成为浙中王门的一员。关于这一段经历,黄绾曾有文交代:"天彝有大志,初官兵曹即告归,从枫山章先生游学,令诣南洲应子,因与予友。日究所未至,又自不足。复登阳明先生之门,遂为高第。"

应典回永康后创建了丽泽祠,讲学于五峰书院。明嘉靖七年十一月二十九日,一代哲人阳明先生病逝后,黄绾、应典同为王阳明先生高徒,团结王门众弟子,悉心经营、料理业师墓葬事宜。

## 程文德

《四库全书存目提要》记载,嘉靖三年(1524),二十八岁的程文德在两次会试不第之后,"造阳明先生之门受学焉"。《松溪程先生年谱》载:"先生(程文德)闻阳明先生教人以学为贤,于是往受业。以所闻于胡公琏、李公沧、朱公方,及所受于枫山先生者互相印证。阳明大悦之,相与讲明致良知之说,逾数月而后归。"

明嘉靖七年(1528),在程文德成为王门之徒四年后,阳明先生逝世,而程文德刚好因参加京师会试而无法参加恩师的葬礼。但王阳明哲学思想一直伴随着程文德宦海沉浮一生。

明嘉靖十一年(1532),程文德受牵连下锦衣狱。狱中,他以先师在正德元年(1506)因上疏忤逆太监刘瑾而下狱一事激励自己,还以自己贬谪广东信宜一事与阳明先生贬谪贵州龙场相比较,立志于圣贤之道。

程文德对王阳明哲学思想的学习与继承,主要表现为提出了

"真心"说,提出"真心为学之要"的学术宗旨。在《送王仲时归婺源序》中,有程文德对"真心"的揭示:"夫信也者,心之真也,心之一也,心之恒也。真则不妄也,一则不贰也,恒则不息也。"此外,在《复古书院记》中,程文德又有详细注解:"夫真者,天之宰也,地之维也,人之命也。是故以天则真覆,以地则真载,而以人则真圣。圣,斯人也。人而不能圣者,是自离其真也。……不真于善,则真于恶。真于善,是为君子,其归也为圣人;真于恶,则为小人,其究也为蹞跖。圣跖之分,考之真心而已矣。"

细读程文德的"真心"说,似乎可以触摸到他以一颗"真心"立于天地之间的坦荡与浩然气概。

《阳明先生年谱》记载有程文德晚年罢官之后讲学于永康五峰书院事宜,程文德在王门后学之中有一定的学术地位。

## 卢可久

《明史》对"卢可久"等"阳明学者"在五峰书院讲学的传承谱系有简要记载:"卢可久,字一松。……永康诸生……师守仁……可久传东阳杜惟熙,惟熙传同邑陈时芳、陈正道……门人吕一龙,永康人,言动不苟,学者咸宗之。"

卢可久(1503—1579),字德卿,号一松,永康儒堂头村人。青年时期追随应典。正德十六年(1521)深秋参加黄绾讲学之后,萌发了进入王门的念头。

明嘉靖二年(1523),卢可久遵父亲之命,受教于王阳明三个月,得"良知"之学,并受到了阳明先生的器重,三个月后回家之时,王阳明亲自送他,并说:"吾道东矣。"

为参悟"良知"要旨,卢可久曾辟一山房,静坐其中三年。明嘉靖六年(1527)正月,卢可久再次到绍兴向阳明先生问学,求证所学所得,得到同门王畿、钱德洪的赞许。嘉靖七年(1528)冬,王阳明先生病逝,卢可久等永康籍阳明学者前往绍兴,与王门高徒一起参加了老师的葬礼。返回永康后,卢可久讲学于五峰。

## 程梓

增订本《五峰书院志》人物志记载:"程梓,字养之,号方峰,永康文楼村人。弱冠为诸生,徒步往姚江,师事王阳明,与王门王畿互相印证。归里即在永康寿山石洞倡明正学,乡豪以睚眦隙诣御史台,诬公建淫祠倡伪学。御史不察,遽削公籍,祠废。数年后,邑绅士诣御史言状,复之。仍建祀文成,讲学,年八十八。"

这里不仅记载了程梓的生平,且记载了五峰书院讲习阳明之学期间,曾被诬告"建淫祠倡伪学"的历史。其间,程梓曾被削去公籍,但他依然一身正气与诬告者对簿公堂,最后昭雪。程梓病逝后,永康王阳明学者将其祀于五峰书院,因此亦被称为五峰先生。

吕一龙,字云君,号渊潜,永康太平人,从小有志于正学,听闻东阳陈时芳、陈正道两先生专研性理之旨,得王阳明"知行"学说之真谛,于是前往从师。他认为"真心实地,刻苦工夫,此为学第一义也"。晚年讲学于五峰书院。

吕成章,字达夫,永康吕南宅人。自幼聪颖,原攻读举业,他父亲勉励他:"读书不适于道,非吾志也。"后听从父命就学于王畿,学成归来之时王畿为文相送,勉励他"为学工夫,务求真实"。后与应典、程梓同在五峰书院研学讲学,人称五松先生。

王同雍,字天球,岁贡生,永康象珠人。曾受学于卢可久的二传弟子陈其蕙,清康熙年间在五峰书院主讲十余年,得王阳明心学之精要。为一代宗师,平生著述有二十余种。

朱天启,字公迪,号端斋,永康金城川人,以岁贡授黄陂训导,升周府教谕。为人谦虚下问,他在五峰研学,时间不是很长,但也有很大的影响力。他死后,王畿专门为他写了墓志铭。

## 泽被他人

清乾隆四十三年(1778),永康学者程尚斐等编辑了《五峰书院志》。如今,程氏后人程朱昌、程育全父子经过多方搜集、整理,出版了《五峰书院志》增订本。

《五峰书院志》增订本记载,永康五峰书院,是古代浙东著名书院。五峰书院的创立与发展,经历了南宋初创、明中期发展、明末清初衰落、清康乾时复兴、清末弃院完成使命五个阶段。

创办初期,吕皓、陈亮、吕祖谦先后在五峰外洞讲学。

五峰书院的发展期,是在明代嘉靖年间,永康应典、程文德、程梓、卢可久等在此畅论王阳明的"良知良学",并建设"丽泽祠"纪念朱熹、吕祖谦、陈亮三位先贤。不久,婺州知府姚文炤又命永康乡贤吕瑗在丽泽祠旁创建正楼三间,取名"丽泽精舍",奉祀王阳明,以应典、程梓、卢可久配祀,旋改名为五峰书院。五峰书院的声望日益提高,生员增加,规模逐渐扩大。每逢九月重九日,永康及金华府的文人学士齐集于此,举行祭拜、讲会、读书会等,切磋交流,掀起了永康的一个学术高峰。

一大批永康先哲,在各自的命运里浮沉求索,在孤独中踽踽前行,苦苦寻找内心的光明。他们在命运的求索中学习并传播王阳明心学,从而完成了生命意义的"知行合一"。他们来自永康不同的村庄,不同的角落,但都不约而同地聚集于五峰书院。他们在各自完成自己人生救赎的同时,也成了一盏灯、一组文化密码,照亮了他们周边的人群,影响了他们的村庄。

时间的车轮驶进了一个新的文化繁荣时代,王阳明心学历经时间检阅和磨炼,散发出新的哲学光芒。我们在内心困顿之时,想到王阳明的龙场悟道,想到程文德被牵连下狱时参悟良知,心中便有了一盏明灯。

# 应典的圣贤之路

明正德九年（1514），科考放榜，永康市芝英镇一个崇文重教的应氏家族内，其子孙应典高中进士的喜讯被奔走相告——子孙及第，是这个家族几代人的期望。应典的曾祖父应仕濂曾经独自一人捐建了当时的永康县学明伦堂，应典的伯父应尚道开芝英塾教之风，不惜重金聘请名师教育子侄，勉励他们有用于国家和社会。

这一年，应典（字天彝，号石门，1481年出生）三十三岁。他在考中进士的前一年考中举人，连中举人和进士，仕途可谓风生水起，但对他来说，仕途的顺利更多的是给了他面对这个世界的底气和在圣贤之路上不断探索的信心。

## 1514年

明武宗正德九年（1514），著名哲学家、军事家、心学集大成者王阳明升为南京鸿胪寺卿，大批门人云集南京学习"良知"学，成为当时的一件文化盛事。在这之前的明正德元年（1506），王阳明经历了他人生中的重要劫难——上书触怒了擅政宦官刘瑾，被贬谪到贵州龙场（贵阳西北七十里）。他躲过层层追杀抵达贵州龙场，在那寂静、凶险之地，他结合历年来的遭遇日夜反思，有了著名的"龙场悟道"。他认识到心是感应万事万物的根本，由此提出"心即理"的命题。

这一年,永康方岩独松村十七岁的程文德前往兰溪访问大儒枫山先生。枫山先生跟他说:"后生须立得脚跟,方好做人。贤辈正在此时立脚。"程文德深受启发,立志圣贤之道。

这一年,永康方岩文楼人程梓(字养之,号方峰)十六岁,天性敏慧。

这一年,永康芝英儒堂头村人卢可久(字德卿,号一松)十一岁,志向高远,还处于孩提时代。

这一年,是应典人生中的重要转折点,他由一个普通的读书人撞进了政治的大门,也开始了他圣贤梦想的追逐。因为他,许多人的经历和命运串在了一起,从而有了后来的"王阳明永康学派"。他推动并掀起了永康文化继南宋之后的又一个高峰。

## 四访应良、黄绾

应典任职兵部职方司主事后不久,母亲生病,他正好以此为由回乡。

一只小船在钱塘江逆流而行,两岸山色如黛、村镇点染,与江水、小船融为一体。南归的应典看得如痴如醉,但眉宇间有着不易觉察的思虑。小船游到兰江边,停泊,应典下船稍做打听就找到了当地的枫木山,在山上讲学的枫山先生热情接待了这位新科进士,勉励他说:"我们金华自从忠简公(宗泽)功业、吕成公(祖谦)道学、宋潜溪(宋濂)文章以来,失传已久,这一重担你怎么把它担当起来?"

临别时,枫山先生指点他,仙居学者应良宣讲的王阳明"良知学"在社会上影响很大。

应典回家看望母亲后，又带上未解的行囊前往仙居寻访应良。应良也早就听说了这位任职不久就告假的新科进士，两人志趣相投，秉烛长谈。应良向应典传授王阳明的"良知"之学，应典不断提出自己的疑问。也许是应良不能尽释应典的疑问，于是他带着应典拜访正在石龙书院研究王学的黄绾，应典与黄绾相见恨晚，三人在青山与涧泉间烹茶论学。

第二年，应典带着新的疑问再次前往台州。应典问道："吾于二子（黄绾、应良）之言莫逆矣，反而内观我心，然犹有未安者，何也？"黄绾说："夫人之心有所之则必有所倚，有所倚则必有所丧。之于富贵则于富贵丧之矣，之于功名则于功名丧之矣，之于风操则于风操丧之矣……"

正德十三年冬至十四年春之间，应典到台州访问两位老友时，恰好福建学者郑善夫（字继之，号少谷）也来访。正值大雪纷飞，天与云与山与水上下一色，黄绾、应典、应良、郑善夫四人在临海白茫茫的山水之间成了一个个陶醉其中的小人。四人继续寻访时任台州郡守顾璘（字华玉，号东桥居士，江苏长洲人），登临回风亭，在亭中煮酒畅饮。

四人还来到顾璘在郡城临海巾山之畔的"玉辉堂"，讲学论道。当剑魄琴心与哲学思辨在飞雪中激荡时，一场看不见的刀光剑影回响在山水之间。四人依依惜别，郑善夫与应典相约再访台州。

正德十五年深秋，当大自然呈现出最绚烂的色彩之时，应典与郑善夫如约再访黄岩，四友同游雁荡，诗词酬唱。

正德九年至正德十五年期间，应典四访台州。无论是论学还是游赏，对王阳明心学进行探讨是他与友人的共同爱好。这七年的时间里,应典思考、疑问、交流、再思考、再疑问,随着对王阳明心学的了解,逐渐把王学理论纳入自己的学问体系中,继而形成自己的思想。

## 黄绾讲学永康

明正德十六年(1521)八月,已悟到"致良知"之教的王阳明从江西南昌回到绍兴讲学。这年秋天,黄绾前往绍兴拜访阔别十年之久的师友王阳明,在绍兴停留一个多月之后,他从嵊州剡溪前往永康,看望好友应典。与黄绾一道成行的还有临海王门学者林典卿。

好友黄绾第一次来永康,应典不亦乐乎,带着黄绾和林典卿游芝英。芝英宗谱相关信息显示,芝英的紫霄道院、览翠楼都曾留下他们的足迹。黄绾、林典卿还在永康寿岩、方岩、石鼓寮一带讲学半个多月之久(芝英宗谱记载为数月),永康有十余人参与,反响很大。

黄绾、林典卿两位阳明门人在永康讲学王阳明的"致良知",在永康的学者中引起了深远的影响,为后来"王阳明永康学派"的成立播撒了种子。黄绾永康讲学之后,一批永康学者前往绍兴寻访王阳明。

## 加入王门

明嘉靖二年(1523),应典在好友黄绾、应良的影响下,经同年黄宗明(字诚甫,号致斋,宁波鄞县人,正德九年进士,王门学者)介绍,前往绍兴拜见了王阳明。因为之前对王阳明思想的了解和思考,应典通过面对面向王阳明求教之后,深悟其理,并成为王门弟子。

明嘉靖七年(1528)十一月二十九日,一代哲人王阳明卒于途中,终年五十七岁。黄绾、应典同为阳明先生高足,团结王门众弟子,悉心经营、料理老师的墓葬事宜,并于嘉靖八年冬参加了王阳明的葬礼。应典"祭文"云:

……典等受教有年,卒业无恃,恸候江干,泪无从止。呜呼!公虽已矣,神其在天,文未坠地,庶几有传。握椒兰以荐心,指江流而誓焉。惟逊志以无负,庶歆格乎斯筵。

嘉靖四年,一封催促上任"尚宝司丞"的文书送达应典的家中。

在嘉靖元年,应典就被荐升为"尚宝司丞",因当时他的母亲去世而不能赴任。如今三年丧假已满,巡按御史周汝员通过金华府催促应典上任。

荐升,是许多读书人的念念以求,然而,应典并不乐意。他婉言谢绝朝廷的任命和催促,同时也完全谢绝了自己的仕途。在他的心目中,传播"良知"和"致良知"要比仕途重要得多,他谢绝得干净、彻底。

## "阳明学"永康核心

明嘉靖二年(1523),用于祭祀朱熹、陈亮、吕祖谦三位先儒的"丽泽祠"建成,应典开始讲学于五峰。

至此,因为应典的引领,以及黄绾在永康山水间讲学,程梓、卢可久也分别走上了他们的圣贤之路,汇集于五峰讲学。程文德晚年辞官后清贫一身,也讲学于五峰。在应典、程文德、程梓、卢可久等一批永康学者的带领下,五峰书院的声望日益提高,规模不断扩大。永康及金华府的文人学士常齐集于此,举行祭拜活动,并举办讲习、读书会等活动,逐步推动永康文化走向一个高峰。直到清末,由于近代学堂、学校的兴起,五峰书院才完成了它的历史使命。

浙江省社会科学院哲学所张宏敏认为:界定儒学某种学派的成立,需要包括学术领袖、学术宗旨、学术阵地(讲学场所)、学术传承(学子门人)等基本要素。那么,"永康阳明学"的学术领袖就是王阳明,学术的发起人、组织者则是王阳明的门人应典、卢可久、程梓、程文德、周桐等。学术宗旨则是王阳明的"致良知"之教,学术阵地即讲学场所则是五峰书院,学术传承谱系则自王阳明以降,有应典、周桐、卢可久、杜惟熙、程梓、程文德、李珙、陈时芳、陈正道、吕一龙等四、五代阳明学者共计百余人。"王阳明永康学派"成立,应典无疑是其中的核心人物和领袖。

## "阳明学"与应氏家族

应氏家族以理学立家,开始于应典的伯父应尚道,并定家规二十余条。应尚道所在的年代,正是程朱理学被奉为统治思想的时代。明中叶,王阳明心学崛起,应典曾与兄弟几个议立宗约,把心学的一些思想融入家规中。芝英宗谱中记载的这些资料,正是芝英先人对哲学的思考与实践的足迹,而应氏家族与"王学"的渊源远不止这些。

曾率兵随提督王阳明围攻南昌朱宸濠老巢的应恩(字鹤邱,1458年生)是应典的堂兄。他曾任江西永新、高安等县知县,对王阳明心学在战役中的使用有着深刻的感悟和理解。

应廷育(字仁卿,号晋庵,1497年生)是应典的侄儿。他曾三入刑部,后辞官著书,其中有《金华先民传》。应廷育少时就常问学于应典,在嘉靖九年任职南京刑曹主事时,曾向黄绾求教"慎独""致良知"的道理;并与"王阳明永康学派"的主要学者程文德交好,两人常一起讨论王学,是"王阳明永康学派"的重要人物。

应典讲学时,他的侄儿应屏山常在旁边听讲。应屏山后来创建善林书院,继续传播王阳明心学。

应氏后人应锦郁(字舒哲,号慵庵)常说:"行失于不觉察者固多,失于自欺自恕者亦不少,过得致知、诚意两关,方可为人。"

## 不负本心

明嘉靖二十六年(1547),应典病重,他命家人搬来椅子,铺上坐褥,坐在门口,对前来探病问候之人,拳拳勉以"良知"学。等到不会说话时,不时转头看向身边的侄儿应廷育,似乎有什么要嘱咐。应廷育一件件拿家中平时他关切和重要的事问他,他总是摇头,当应廷育说五峰书院的事他一定会永远牢记在心并处置好时,这才连连点头,慢慢闭上双眼。这一天是九月二十五日,应典享年六十八岁。

在清代乡人程尚斐乾隆年间编撰的《五峰书院讲义》中,保存有应典的《诚意章讲义》。他在文中谆谆教导学子们"为君子儒,毋为小人儒";在立身处世中要"自虚、自灵、自觉",不可"为物欲所蔽,树立不可欺之本心";要做到"尽心""慎独";要做到"无论学习、待人、处世,都应诚意自谦,常知常觉,常足常快,无富贵贫贱,患难得失,远近大小,俱以一心处之"。应典教导学子们的这些朴实深刻的言语,也正是他自己一生的感悟。作为理学名儒之一,他的生平简介载入《明史》卷二百八十三列传第一百七十一儒林二。

从小时候的圣贤之志到成为"王阳明永康学派"核心人物，应典明白自己的目标，孜孜以求而从不言弃，即便是仕途也不能障蔽他的本心、影响他的梦想。比起"苹果之父"乔布斯临死时的遗憾：人的一生只要有够用的财富，就该去追求其他与财富无关的、应该是更重要的东西，也许是感情，也许是艺术，也许只是一个儿时的梦想。应典的人生清澈、透亮。王阳明说"心即理"，认为心与天地万物相互感应，自然之理也就是心之理，从而心理合一。这样说来，乔布斯的内心有深深的遗憾，他感应的外部世界是荒芜的，即便他拥有无限的财富。而应典的一颗本心，执着于他自己的梦想，他离开这个世界的时候对自己的满意和无憾，对应的则是满眼的繁华。应典创造了永康文化的繁荣景象，刻入时光与历史，注入学子的思想，浸泽后人的内心。

"公虽已矣，神其在天，文未坠地……"正如应典写给王阳明的《祭文》所云，我们也以同样的心感念应典。他以毕生心血浇铸的五峰书院，已成为永康历史的一块文化和精神高地。他留给后人的，是一生的哲学实践、一条路径、一个人应该如何活着的人生索引。

# 传道中坚卢可久

永康历史上的第二次文化高峰掀起,如果说应典是开路人和核心人物,那么卢可久就是发扬者和中坚。

## 卖田筹资求学

卢可久(1503—1579),字德卿,号一松,出生于芝英儒堂头村一个耕读之家,家中并不富裕,但父亲卢琏喜文好学,善吟咏,博学且有大志。卢可久从小资质过人,十七岁进入县邑庠游学,便享誉儒林,后来跟随叔祖卢洵学习举子业以求功名。一天晚上,外面万籁俱寂,太空一色,他对月凝神,很是惊讶:莫非这就是天地之心?听闻古有心学,莫非就是类此?由此,他心中便种下了心学的种子。

明正德十六年(1521)深秋,王阳明高徒黄绾和林典卿来永康拜访应典,在五峰讲授王阳明良知之学,在永康掀起了一股学习王学的热潮。

明嘉靖元年(1522),王阳明因父亲去世丁忧回乡,在山阴(绍兴)稽山书院讲学,四方学子纷纷前往问学。第二年,卢可久与同窗周伟、吕璠三人准备一起前往投师。卢可久将打算告诉其父卢琏,卢琏欣然赞许,并变卖田地为其筹集资费。卢可久带着父亲和家人沉甸甸的期望，问学于绍兴稽山书院，在王阳明众多的门徒中，他是最年轻的一个，也是最勤奋的一个。卢可久白天听王阳明讲良知之说，夜晚则独自沉思悟道。三个月后，他大有省悟，视野更为开阔，境界也有了提高。辞行返家后，卢可久模仿王阳明贵州龙场悟道的方式，在幽静处独辟一室，一有余闲，就在其中恭默沉思。

## 进入王门核心

明嘉靖六年(1527)正月十三，刚刚过完春节，卢可久带着他几年来的修行和领悟，也带着几年来积累的疑惑，再次前往稽山书院拜访王阳明。临行之时，其父专门赋《戒行》诗一首为其壮行："阿儿有志投明师，异时当抱稽山归。阿儿无志荒于嬉，眊我老眼徒依依。惟勤有功念在兹，能安汝止在帝畿。至言尧舜人可为，我闻有道歌缁衣。既殚我力遏迩思，不学无术终卑微，不学无术终卑微。"

再次问学稽山书院，卢可久不仅求证了所感所悟，解决了心中的疑惑，还得到了更好的学习机会。王阳明在与其交谈中发现他对心学悟性颇高，很有见地。惊诧之余把他介绍给得意门生王畿、钱德洪、邹守益等人，让他们在一起交流体会，相互切磋。王、钱、邹三人当时都学有所成，是后来浙中王门的核心人物，可以说，卢可久也因此进入了王学的核心圈。面对如此难得的学习机会，卢可久愈加勤奋，他的治学态度、钻研精神、省悟能力，让王阳明深深欢喜。毫无疑问，王阳明把卢可久当作他最优秀的学生来培养。当年六月，王阳明被朝廷任命为都察院左都御史，奉命征讨贵州思田之乱，卢可久向他辞行，王阳明目送他离去，语重心长地说："子归,吾魂已逐子往矣。"

稽山问学再次归来,他父亲赋《勉学》一诗,给予其勉励:"汝透出门去,广游夫子庭。风清还濯水,月朗不需灯。当取十分乐,勿容一息停。夜深休睡去,击节唤惺惺。"卢可久不负父望与师恩,益自奋励,食不甘味,寝不解衣,并书写"学务益精,志毋少懈"为座右铭,时刻提醒自己,不断探究王阳明心学之精髓。对卢可久父亲的两首诗,后来周桐、周莹、应兼、应玠、倪焘、周文标等永康王门学子各赋诗唱和,并辑为《承志录》,应廷育跋中写道:"德卿学成而返,于良知之旨有深契焉。每五峰雅集,德卿俨然其间,启难发微,动中肯綮,与寻常剿说迥别,闻者皆耸,有光师门甚多,诚可谓独抱稽山而归者矣。"

## 光照故土

明嘉靖七年(1528)十一月,王阳明病逝,卢可久与应典、李拱等参与了葬礼。卢可久两次问学稽山,与王阳明师友之情非常深厚,他曾道:"师友之恩深于渊海,真与生我长我者等耳。平生承师友教爱,无可报答,唯有勤励不息,乃可以报之耳。"此后,卢可久息心功名,一心传道,与应典、程梓、周桐等在五峰创办讲会,从游者常百余人。他们共同创建了五峰书院,开创了永康文化的第二个高峰。

在当时的五峰书院,曾经聚集了一大批稽山归来的学者,可谓人才荟萃。但要说五峰传道的主将,非卢可久莫属,由于他儒学功底深厚,又曾得王阳明亲传,交游者均为一时俊杰,四方前来拜师者络绎不绝。王阳明的一些杰出弟子也纷纷来五峰讲学聚会。明代许弘纲所写的《理学一松卢先生传》记载,王畿、黄绾、应良分别从绍兴、黄岩、仙居来永康，与一批永康士林精英一道，"皆大会于五峰精舍，阐发奥旨，仿佛鹅湖鹿洞之盛矣"。在讲学的同时，他潜心研究理学，与王畿、黄绾、钱德洪、应良等王阳明高徒及应典、程文德、周桐、李琪等经常有书信往来，共同探讨理学精神。

卢可久在五峰石室中写成了《望洋日录》《光余或问》等理学著作，对理学思想提出了很多自己的真知灼见。当时许多社会名流对卢可久的学识品德、敬业精神均赞誉有加。程文德听说卢可久一个人在五峰，感叹："一夔足矣。"并冒雪拜访。黄绾则说："任重道远，有光师门。"鉴于他的贡献和声望，朝廷曾赠"学致良知，道传精一"的匾额，以示表彰。

## 讲学五十年

卢可久在五峰书院讲学五十年之久，不仅成为推动阳明学在永康发展的中坚力量，也成全自己不断去探究理学的奥秘，成为地方名儒。他不断总结教学经验，最终成为一代名师。他的教学思想，即使放到现在仍旧有着很好的借鉴作用。

他在《会中示诸友》中提出了"立志、择善、求真"的理念，认为立志要高，不可因世俗喜好而定，立志当立圣贤之志；认为"择善者，入门之方"，"善在吾心，或动于意气，或蔽于见闻，必择焉而后得其真"。他要求学必求真，求真心、求真善、求真知。

在教育上，卢可久提出了很多独到的见解。如学贵"一"，他认为做事要专心一意，"愈专一，愈真切；愈真切，愈专一"，知行如一，始终如一，待己待人如一，处常处变如一。学贵"自得"，认为自得是从悟来，非由闻见想象，"道本不远，善悟者只在眼前，不善悟者终身弗得"，要学会思考、善于思考。学有自信，"自信处即人信处"，夫道一而已矣，天地古今只有这一个道理。尧舜原与我同，原自可学而至，更不必复疑。学贵虚心，认为"心虚则明，明则通；介物则蔽，蔽则塞矣。学者最难是虚心"，"所处常不足，则有日进之势，自满则止矣"。学贵"自知"，知之为知之，"未能之而窃以为能，伪也；既能之而掩以为不能，伪也，圣人无伪"。处处皆师，"学术有益于己，则处处皆师，事事皆道，原不可放过，才放过便非求益"。他还非常注重日积月累的过程和兢兢业业的学习态度，"一刻不兢业，则情便动，心便驰矣"。

卢可久讲究因材施教，他的学生不断增多，影响日益扩大，其理学思想也得到了不断的传承，他的学生中很多人都成了一方名士，其中东阳杜维熙传承了其衣钵，杜维熙再传陈时芳、陈正道，陈时芳传吕一龙、陈其蕙，陈其蕙传王同雍、赵岐宁。到清朝康熙年间，陈其蕙去世后，王同雍一直坚持在五峰主讲，直到清康熙三十六年（1697）去世。卢可久及一系的五代良知学者坚守五峰主讲近一百七十年。其后的五峰讲会一直得到延续，清乾隆《五峰书院志》（民国版）跋记载，直到民国二十四年（1935），五峰书院还保留有每年一次的秋季讲会。卢可久的文化影响在永康五峰书院延续了四百多年。

## 也无动静也无端

卢可久五峰讲学近五十年，在丹霞山水之间感悟着生命的自然与天真，在与众学子的论学讲学中体会着思想自由的乐趣。

生活中，卢可久以淡泊为念，以君子自处。明代卢自明在《一松先生行状》中写道："（先生）义利之介，辨之必严；交际之仪，处之曲当；扬人之善，而覆其所不及；成人之美，而引其所未能；断断兮而不炫其技,休休焉而无所不容。"他待人温文尔雅,没有激辞厉色,即使对门生子弟,也从来不会面斥其过;但对待道义之所在,则言之必厉、行之必果。

卢可久专攻理学,很少写诗,但从他流传的诗中,我们隐隐可以看到他当时的心境。"习静争知真静难,也无动静也无端。由来一样春风好,不用窗前草色看。"一首《赋静坐》,满是坦然,诗中体现了他"誉焉不以为得,毁焉而不以为歉"的豁达与安宁。

在物质上,卢可久的一生是贫困的,在精神上,他的一生却非常富有,他曾说:"读书期取科第,亦父兄之志,独不能实用其力,将圣贤语体之于身乎?有道之富贵谓非父兄之所愿乎?抑道德果不足以致富贵乎?"在常人的眼里,取得功名,获得财富,这是富贵,在他的眼里,将圣贤之语体之于身,拥有崇高的道德,才是终身的富贵。终其一生,卢可久与人以诚,爱人以德,乡人以为仪表,邑候以为上宾,同为者以为指南,可谓"身足以范物,文足以经世,学足以继开来"。

## 列入乡贤

明万历二十四年(1596),金华府应祥、程明久、朱大典、王世德等十一名生员联名上书,题请浙江提督学道将卢可久列为乡贤。他们在呈报中写道:"追维永邑故先生卢可久,禀资颖豁,志道专精,朴貌古心,深思力践,蝉蜕声华,训诂饴者,著述躬修。游东越而得文成之传,主五峰而振东莱之学。悟良知要旨,不步空虚;守主静真诠,惟事居敬。一贫自乐,箪瓢陋巷遗规;寸尘不染,弄月吟风妙趣。四十年负笈而从者,望同斗北;八婺中驰标而的者,仰若道南。著有《望洋日录》《就正日录》,先儒之堂奥已窥；遗有《光余或问》《草窗巷语》，后学之型模具在。卓尔造履纯正，确乎诣道宏深。潜德弗耀，虽未舒济世鸿猷；垂范可师，亦何愧真儒实用。"

他们对卢可久的一生给予了很好的总结，也给予了实事求是的评价。后来金华府和永康县经核查，也给了卢可久很高的评价，可惜因为当时的提督学道及当事者升任他处，未能及时下批。入清以后卢可久及其事迹、成就被写入《明史》和《明儒学案》，他的成就得到极大的肯定。

清朝康熙六十一年（1722），永康生员徐廷僖、程衍初等再次呈请将卢可久列为乡贤。次年十二月，卢可久被批准列为乡贤，成为永康自宋代以来的三十八位乡贤之一。他与胡则、陈亮、程文德、朱方、应典等一道，受到永康人民世代崇敬，也照亮了婺州甚至浙江大地。

# 月泉吟社

1949年初，经历南渡北归的吴宓在入职四川大学之前，先寄诗蜀中诸友，其中《步陈寅恪兄乙丑元旦诗韵》："犹有月泉吟社侣，晦暝天地寄微身。"

吴宓是中国现代著名西洋文学家、国学大师、诗人，清华大学国学院创办人之一，被称为中国比较文学之父。陈寅恪是中国现代集历史学家、古典文学研究家、语言学家、诗人于一身的百年难见之人物，与叶企孙、潘光旦、梅贻琦一起被列为清华大学百年历史上的四大哲人，与吕思勉、陈垣、钱穆并称为"前辈史学四大家"。

吴宓希望隐去的"月泉吟社"，是由南宋遗民诗人组成的群体，活动在浙西一带，以浦江月泉书院为核心点，用诗歌形式表达反元的心声和意志。从吴宓《步陈寅恪兄乙丑元旦诗韵》中可见，月泉吟社当时已成为当时全国文化学术的活动中心和知识分子人格的象征。月泉吟社有着怎样的魅力？

## 南宋末年

南宋末年，擅长弓马的漠北蒙古民族突起，在成吉思汗统率下,铁骑纵横于欧亚大陆,从大西洋西岸一直到黑海之滨。

南宋咸淳四年(1268),忽必烈发起了灭宋之战,南宋军民奋起抗争,蒙古军队被挡在了襄阳城外。数年后,忽必烈建立元朝,元军继续围攻襄阳城。最终襄阳城破,南宋再无险可守,元军长驱直入南宋腹地,临安城沦陷,南宋谢太后和宋恭帝被迫投降。但是南宋军民的气节仍在,陆秀夫、文天祥等在福州拥立七岁小皇帝宋端宗即位,继续领导抗元斗争,文天祥号令爱国义士举兵抗元。

元军一路南下,新成立的南宋朝廷被迫转移到了广东崖山。在这期间,宋端宗不幸落水溺亡,陆秀夫等人又拥立宋幼主赵昺即位。祥兴二年正月,崖山海战爆发,陆秀夫眼看复国无望,于悲愤之下,背负宋幼主投海自尽,十万军民亦随之投海。崖山海战的失败正式宣告了南宋的灭亡,但这并非南宋最后的抗争。

川蜀地区的凌霄城军民顽强坚守,东南义士奋起反抗,闽北地区十万军民奋起反抗……

同时,蒙古人入主中原建立元朝后,不仅废止科举制度,而且设立一官、二吏、三僧、四道、五医、六工、七猎、八民、九儒、十丐的等级制度,儒士沦为社会的底层,这在汉族士人中引起了强烈反响。然而,蒙古人"不请政事,不识文字,不知刑名",又不得不用汉人治理汉人,于是派遣使者前往江南搜访遗逸入朝理政。虽然如此,元廷中排挤诬害汉人官吏之案仍然层出不穷。

钟嗣成在他的《录鬼簿》一书的序里,借怀旧的心情,透露他自己对现实的愤懑之情:"人之生斯世也,但知已死者为鬼,而未知未死者亦为鬼也。"郑思肖画兰不画壤土,人问其故,答曰:"地被人夺,君不知耶?"以此表达国破家亡的悲痛。他在传世作品

《墨兰图》中题诗："向来俯首问羲皇,汝是何人到此乡? 未有画前开鼻孔,满天浮动古馨香。"自比羲皇上人,用兰草的馨香来宣泄自己怀旧的坚贞情操。

对士子而言,他们失去的不只是一个赵宋王朝,而是整个中华民族及其传统文化。面对残酷的现实,一部分人选择了投笔从戎,投入实际的抗元斗争中去,更多的则是归隐田园,借助山水湖泊抒发自己的愤懑之情,用软性的文化形式抵制元朝统治。

## 吴思齐

在归隐的士大夫中,有一位名叫吴思齐(1238—1301)的金华人士,字子善,号全归子,为永康前吴村(今后塘弄村南面约一里处,已湮没于历史)人,吴思齐的曾祖父吴深是陈亮的学生和大女婿,也是"永康学派"的骨干成员。

吴思齐博览群书、胸有大志,常以陈亮精神激励自己,希望有朝一日堂堂正正干一番事业。长大后,吴思齐荫恩授以官衔,早年在杭州任收税小官,后来调到嘉兴任县丞。史书记载,吴思齐一到嘉兴就亲自坐在监狱门口,逐一审问案件,使许多冤案得以昭雪平反。几年后,他调到镇江幕府,因多次上书揭露权相贾似道和贵戚谢堂,得罪了权贵而愤然辞官。吴思齐虽然为官十年,但家里清贫如故。

南宋灭亡后,国破家亡的悲愤弥漫在整个士子群体中:社会地位沦丧、功业幻想破灭……

隐居桐庐的吴思齐生活越来越贫困,有人劝他出来当官,吴思齐答道:"我好比女子出嫁,虽冻饿不能更二夫!"伯夷、叔齐采薇而食,屈原餐菊,苏武牧羊,严子陵垂钓,这些历代高风亮节的楷模给了吴思齐巨大的精神力量。此后二十多年,吴思齐在吴越大地放游名山大川,遍访宋朝遗老,诗酒相伴,吟咏唱和,成为江南名流。

## 月泉际会

浦阳江与富春江汇合后入钱塘江,两江流域古往今来有着牵连不断的文化渊源。隐居桐庐的吴思齐结识了方凤和谢翱,三人结成了异姓兄弟。

方凤(1240—1321),浦江人,字韶卿、景山,祖籍浙江桐庐。北宋初年,方凤之十一世祖景傅公因爱浦阳江山水之美、人文之盛,从桐庐迁居仙华山下登高口村,后又迁至方宅村。方凤的祖辈中曾出过两名尚书,分别是八世祖华资及七世祖扬远,世称"父子尚书";其祖父云昉曾任本县学录;其父汉达曾任中书舍人。现仙华街道方宅村存雅堂大门口,留有方凤后裔方增先先生书写的对联:宋朝父子尚书第,明世经纶布政家。方凤自幼受到儒家正统文化的熏陶,二十岁前后,他来到临安,以出众的才华结交了许多知名人士。后因"应进士举不第",方凤寓居舍人王斌家为其二子授业解惑。南宋德祐元年(1275)春,建康(南京)、镇江、常州等城池相继被元军攻克,临安朝官纷纷外逃。方凤却利用王斌与当朝丞相陈宜中的友善关系,多次向陈宜中进言,希望他劝告皇上奋力抗元,但由于诸多原因未被采纳。陈宜中欣赏方凤的才华,奏请皇上授予方凤广西容州文学一职,可惜不久南宋政权被元军所灭。

方凤长期受儒家正统文化的熏陶,同历代大多数知识分子一样,期望通过从政、参政来实现自己的抱负。但政权更迭,大宋王朝在元军的铁蹄之下倒塌。三十七岁的方凤怀着悲愤与沉痛的心情回到故乡浦江。不久,他被吴渭延请到家中担任吴氏私塾教师。

谢翱(1249—1295),字皋羽,出生于福建长溪望族的儒家门第。二十八岁时参加文天祥幕府起兵,他与文天祥既是上下级关系,更是知己、战友。崖山海战后,谢翱仍在各地潜伏活动,想方设法营救文天祥,直至文天祥被害。谢翱成为亡国遗民后,以教书为生,并组织"汐社"广交诗友,与之结成志同道合的反元阵营。他常与好友方凤、吴思齐、冯桂芳、翁衡浪迹山水,在苏州夫差台终日痛哭,在绍兴禹陵朝北哭号,在仙华山数日喝酒至大醉。明初开国文臣宋濂游仙华山,看到石壁上吴思齐的题名可辨,感慨地说:"思齐等三人无月不游,游则不分日夜,哭则失声后返,如此有气节之士,相遇于残山剩水间,怎么能不悲痛!"

吴渭(1228—1290),字清翁,浦江吴溪(今前吴下葛村)人。南宋时曾任义乌县令,宋亡后退居故里吴溪,扶助贫困,兴学育才,深受乡人尊敬。方凤回到浦江后,被吴渭聘为吴氏家族的私塾教师,两个家族开始频繁往来并走向联合,也为月泉吟社的活动奠定了基础。

吴思齐、谢翱本是前来浦江投奔方凤的,却"遂俱客吴氏里中"。吴氏家族家业丰厚、乐善好施,吴渭及弟吴谦、子吴幼敏等吴氏子孙都乐于接纳落魄志士,为他们提供一个安定的住所,解决他们的温饱问题。为此,吴氏家族很快成为遗民寓居的中心,并形成了浦江遗民群体。

## 两千七百三十五卷诗作

浦江县城西北二里处,有一眼泉水。"其泉视月虚盈为消长",

月亮由缺变圆,泉水则增,反之则减,因而名为月泉。月泉被誉为天下奇泉,成为人们游憩及士大夫以文会友之所。北宋政和三年(1113),知县孙邈对月泉进行疏浚,并筑亭卫护,称月泉亭。元初,月泉书室扩为月泉书院,规模更加宏大。

月泉还承载了厚重的历史人文。《浦江县志》中的"浦江十景图"中便有"月泉春诵"一景。柳贯、曹开泰等诗人都留下了关于"月泉春诵"的诗句⋯⋯在浦江,月泉既是一汪"诗泉",又是一条文脉。

至元二十三年(1286)秋,吴渭、方凤、吴思齐、谢翱四人游完仙华山后一起来到月泉书院,吴渭向三人详细介绍了"月泉"的历史。四人置身于月泉奇景和书院中,想着眼下的境况,不禁感慨万千。吴渭倡导就地成立诗社,得到了一致响应,"月泉吟社"应运而生。

月泉吟社成立后,针对元统治阶级收买知名之士、对江南儒士气节构成严重威胁的实际,经过精心策划,于至元二十三年(1286)十月十五,以"春日田园杂兴"为题向各地发出征诗檄文:凡是田园景物皆可用,但不要抛却田园,全然泛言景物。限五、七言四韵律诗,次年正月十五收卷。诗题发出,一石惊起千层浪,江南各省数千文人吟士纷纷投来诗稿,最终共得诗稿两千七百三十五卷之多。经吴思齐、谢翱、方凤三人评定,于当年三月初三揭榜,选中二百八十篇,依次给予奖赏,并汇编成集付印,书名即《月泉吟社》。

在元初特殊的时代背景下,怀念故国不仕新朝成了此次诗歌的主要内容。如连文凤以"老我无心出市朝,东风林壑自逍遥。一犁好雨秧初种,几道寒泉药旋浇。放犊晓登云外垄,听莺时立

古婆家国情怀 千年一脉

140

柳边桥。池塘见说生新草，已许吟魂入梦招"表示自己宁老死林壑也不乞禄于当朝统治者的人生态度。

月泉吟社的成员大都是故宋遗民，十分重视名节，甚至视名节比自己的生命还重。如方德麟："绕畦晴绿弄潺湲，倚杖东风却黯然。往梦更谁怜秀麦，闲愁空自托啼鹃。犁锄相踵地力尽，花柳无私春色偏。白发老农犹健在，一蓑牛背听鸣泉。"诗歌描写的是春日田园的自然风光，实则通过对忠诚义士的追慕来表达亡国之痛和世事沧桑。

诗歌还表达了元朝官吏的残酷压榨和剥削。如感兴吟："儿结蓑衣妇浣纱，暖风疏雨趣桑麻。金桃接种莲花蕊，紫竹移根带笋芽。椎鼓踏歌朝祭社，卖薪挑柴晚回家。前村犬吠无他事，不是搜盐定榷茶。"

田园作为相对僻远宁静的"乐土"，是他们躲避时局、滋养心灵的精神家园。也只有在田园，他们才得以在精神上获得一份怡然自得的乐趣。如刘应龟："独犬寥寥昼护门，是间也自有桃源。梅藏竹掩无多路，人语鸡声又一村。"

## 最早的诗社总集

这是我国历史上盛况空前的诗歌大赛，参加者多是南宋遗民，他们放浪山水、啸傲田园、寄身佛寺、栖隐道观，表达了对元朝政权的排斥和对故国河山的深深怀念。

这是一次影响巨大的诗歌大合唱，在我国古代诗史上有许多独创性。首先是主题突出，通过诗歌结成反元同盟，凡入新朝为官者的诗作一律淘汰。其次是制定《诗评》，品评诗卷有程式，对于审题、立意、作法、诗藻、意境均有具体的品评标准，品评时还采取两宋科举的誊录之法,隐去作者姓名。再次是优胜者有奖赏。我国诗人雅集往往在罚不在奖,如兰亭聚会,王羲之等人一觞一咏,输者罚酒,而此次大赛从第一名起,皆依次给予奖赏。月泉吟社开诗词大赛之先河,月泉吟社被誉为"中国第一诗社",《月泉吟社》成为我国最早的诗社总集。《四库全书》和《辞海》都有关于月泉吟社的专题介绍。

月泉吟社的征诗活动,为后世诗社提供了一套全新的活动模式。明末,粤中亦渐起仿效月泉吟社之风。清康熙年间羊城开粤台古迹八咏诗社于白燕堂,仿浦江吴翁月泉吟社故事,但由于时势变异,其成员也没有月泉诸公那样的黍离之悲、亡国之痛,因此他们所投交的大多不过为嘲风咏月之作,而主持者的用意,也不过是为了创造一则"太平佳话",其目的和意义远不能与月泉吟社相提并论。

中国社会科学院文学研究所研究员杨镰在《元诗史》中将月泉吟社称为"奇迹":作为一个民间诗人的诗社,月泉吟社具有一切特点……一个有两三千人参与的文化活动,特别是完全处于自发状态,起自民间,这在信息并不发达的宋元之间是如何做到的呢?

2013年,浙江省作家协会副主席郑晓林来浦江为"月泉讲坛"授课时,对月泉吟社做出了"中国古代最早的作家协会"的评论。

"自从有文字记载以来,浦江历史上最重要、影响最深远的一件事,就是月泉吟社的征诗活动。"上海华东师范大学博士生导师、先秦诸子研究中心主任方勇先生对月泉吟社给予高度评价。

# 后启婺州文学集团

可惜的是,在月泉吟社征诗结束后不久,月泉吟社牵头人吴渭就身患重疾离世。

至元二十七年(1290)冬的一个阴冷的雨天,是文天祥遇难八周年的祭日。谢翱、吴思齐来到桐庐,与好友冯桂芳、翁衡一同前往严子陵钓台,一直等到下午雨止,登上西台凭吊。他们在荒亭的一角设了文天祥的牌位,摆上了祭具,先跪拜,然后吟《楚歌》,用竹如意敲着地面,以铁如意击打石块,一曲歌罢,竹、铁俱碎,诸友号啕痛哭。

从山上下来后,雨雪交加,北风怒吼,他们又在船中饮酒赋诗以寄所思。"哭西台"这一举动激起了层层波浪,影响遍及江南各地,谢翱所作的《登西台恸哭记》成为哀悼故国和亡友的泣血吞声之千古名作。

发起月泉吟社的四人当中,吴渭年纪最长,最早辞世,谢翱最小,却于西台恸哭后不久也与世长辞。他一生流离失所,后寓居杭州,娶一老友的女儿为妻,不久肺病发作客死他乡,终年四十七岁。吴思齐、方凤遵照他生前的嘱托,将其移葬严子陵钓台的南面,刻碑"粤谢翱墓",在墓边建许剑亭。明嘉靖年间为其重修墓道,竖石坊,上面刻"宋隐士谢翱先生墓",两边有联:泪滴参军骨,江流报国心。清乾隆年间后人复建石坊,上额"垂钓百尺",石柱有楹联:生为信国流离客,死结严陵寂寞邻。亭前大石碑刻"宋谢翱恸哭处",背面刻谢翱《登西台恸哭记》。

吴思齐作为"永康学派"的传人,他大力宣传"经世致用"学说,在浦江一带很有影响。吴思齐著有《左氏传阙疑》《陈亮叶适二家文选》等作品。他于晚年考证历代圣贤生卒之事,编成《俟命录》一书,书编成后异常平静地写诗与诸友告别,安然去世,享年六十四岁。吴思齐一生作诗不少,但留世的诗不多,他的《拟古》一诗大概可见他的内心世界:“平原一遗老,九重未知名。临危观劲节,相视胆为惊。折隧犹举手,吁天闽无成。九陨期报国,万古犹光晶。亦有布衣人,烈烈死弥贞。回风惜往日,辉映岂独清。滔滔肉食辈,泚颡徒吞声。我闻同志士,野祭激高情。配享遗斯人,忧心每如酲。”

方凤在四人中最为长寿,吴思齐辞世后,还在世二十年,终年八十二岁。他以悲愤的情感、激越的笔触,给金华诗篇注入新鲜血液。《金华诗录》说:“浦阳文学,皆韶卿一人开之矣。”方凤不仅开浦江文学之先,也开了金华诗学之先。他“以风节行谊,为人所尊师,后进之士争亲炙之”。月泉之学经他而代代相传,弟子中有黄溍、柳贯、吴莱等,明朝开国文臣宋濂则师从吴莱、柳贯等人,明朝学者方孝孺(宁海人)则是宋濂的学生……近年来,“元代至明初婺州作家群研究”受到学术界关注,被统称为“婺州文学集团”。

# 白沙古堰

白沙溪，是金华婺江的一条重要支流，经沙畈水库、金兰水库，穿琅琊、白龙桥两镇注入婺江。溪上有三十六堰，是一个以引水灌溉为主的古代堰坝群，并有铁店窑、黄酒等历史文化遗产，是一片丰饶而神奇的土地。

只一眼，我便喜欢上了白沙溪。那一刻，我对生活在白沙溪边的人们心生羡慕。

## 溪水如镜

白沙溪如同她的名字，干净、质朴、浪漫、神秘，河床上少泥沙、多鹅卵石，鹅卵石也不大，均匀精巧。据说，白沙溪的名字由此而来。"五一"假期，水流不大，只在河床中间不紧不慢地流着，溪水清澈如镜，可见水底的石沙，石沙之上的小鱼虾生猛得很，与石沙一色，一有动静，倏忽之间就从这边游到那边，蛰伏在石沙中一动不动……

溪水在低处聚成一个个水潭，水潭又与水潭相连，汇成更大的水潭，缓缓的溪水又把所有的水潭连在一起，一路向东，欢快而慵懒、自由而豪迈。

在这样的溪水中，似乎往里一照，人世间所有的苦难和忧伤便消散了，只留下天真和野趣。

怒放的阳光在溪水里照出一颗颗童心。不远处，一双双或大或小的赤足小心地伸进阳光射进的水中，踩在沙石上，流动的水纹绕在脚上，脚追逐着水潭里的鱼虾，翻动着一个又一个鹅卵石，那鹅卵石下藏着的螃蟹迅速地躲到别处另一块鹅卵石底下去了……

较深的水潭里，有三五浣洗的女子，她们浅卷着裤脚，手上的被单在潭边的"埠头"上被细细地搓洗后，被抛成彩色的云朵撒进水中，云朵在女子的手中两三晃动，污渍洗净了，漂进了溪水的清甜、春夏的清香。

一如白沙溪的初夏，我的心柔软成一朵白云。我想成为这溪水中的顽童，再长大一回，我愿意成为这溪中干净的石头，守着这里的日月星辰和烟火。

然而，早在一千九百多年前的西汉，一位将军已把此地作为他的灵魂栖息地，不仅守护着这里的星辰和烟火，而且在这里筑起了金华版"都江堰"。

## 古老记忆

那女子们搓洗的"埠头"，便是这位将军带头筑造的古堰坝的一角，也是白沙溪最深沉而神秘的记忆。

白沙溪由沙畈溪口入境，接纳银坑溪、大铺水、左别源等支流，入沙畈水库，经金兰水库后，流经琅琊镇及白龙桥镇古方村、新昌桥村，在乾西乡石柱头入婺江，长五十六千米，流域面积三百二十平方千米。

白沙溪流域的人们依山傍水而居，只是白沙溪水无矩，雨季成涝,无雨成旱。白沙溪如同一个天赋异禀而狂妄的少年,滋养这片土地的同时,也不断给百姓带来灾难。百姓一次又一次组织修坝,坝又一次次被冲毁。百姓毁了建,建了毁……白沙溪水患长期困扰着这一方百姓。

东汉建武三年(27),东汉辅国大将军卢文台,带着他的三十六部从北一路向南,马队后面泛起了滚滚尘烟。卢文台义无反顾离去的王朝,开始了一个崭新的时代。

《汤溪县志》记载:东汉建武三年(27),辅国大将军卢文台率部隐退辅仓,垦辟田畴,兴建白沙溪三十六堰。《金华县志》记载:吴赤乌元年(238)旱,乡民开堰引白沙溪水灌溉,取名白沙堰,为省内最早的水利工程之一。《金华市水利志》记载:志书相传,西汉末,辅国将军(一说骠骑将军)卢文台辅助刘演、刘秀,刘秀建立东汉后,卢文台率部退隐婺南,垦辟田畴,自食其力,居号卢坂。

卢文台一路南下,离一个国家的政治中心已足够遥远,曾经征战沙场的小众人马,此时只怀着一颗普通百姓的烟火之心,想在崭新的政权下建一个自己的桃花源。他们在白沙溪水中照见了自己的疲累,在这个地域广阔、田野肥润、竹木茂密的地方放下了所有争夺和抵御,心甘情愿丢械弃甲,做一名农夫。

隐逸是中国特有的一种特殊生活方式,他们远离尘世,藏身于青山绿水之中,耕一片地,望一方自己的天空,只为保留自己的独立精神和信仰。

在白沙溪畔种田的卢文台目睹百姓治溪之困,于是治理溪水的难题,如同一个战役的制高点成为他们的军事目标。效仿夏禹治水、秦蜀郡守李冰父子兴建都江堰的做法,指挥过千军万马的卢文台带领他的部属和当地百姓上山下水,根据白沙溪的地势落差建起了白沙溪上第一座堰——白沙堰。白沙堰位于高儒村，堰高四米，全长六十多米，灌溉金华、汤溪、兰溪二十二个村三万亩良田。

## 智者筑堰

卢文台用了一个什么样的"筑堰战略"呢？百姓一直没有做起来的事，卢文台是怎么做到的呢？南山上到处是毛竹，卢文台砍下毛竹作为原料，编成一个个"一"字形的篾笼，再将鹅卵石装进毛竹篾笼里，装满后，用篾条箍扎实，再将一条条装满卵石的篾笼连接起来，从溪这头垒到对岸，直至垒成一堵篾笼墙坝；为防堰坝被水冲走，又从山上砍下松树使之横卧并打竖桩，取磐石般坚硬的青石固堰。堰坝基础工程完成后，再建泄水闸……这一就地取材的办法果然好用，有了白沙堰，狂妄无矩的溪水终于被驯服。

百姓何其聪慧，只需一个示范，就看到了白沙堰蕴含的智慧和道理，于是，越来越多的百姓加入这一筑堰工程中，越来越多的智慧被引入其中。

先建沙畈堰，之后在岭脚建大坟头堰，引六苟潭水建亭久堰，岭下建涉济堰……在前后一百七十八年时间里，白沙溪堰群建筑被当地百姓自觉而科学有序地推进着。至三国吴赤乌元年（238），一个纵深达四十五千米，"深掏潭、低作堰"的长梯形堰群建成了。三十六群堰浩浩荡荡立于白沙溪上，立于大地旷野，立于民族甚至是世界的历史之中。

如今，这个古老的水利工程仍有二十一座古堰继续发挥着引水灌溉的作用，灌溉农田达二十七点八万亩。2020年12月，"白沙溪三十六堰"入选世界灌溉工程遗产。

三十六群堰架起了白沙溪百姓与大自然和谐相处的通道,白沙溪流域成为自流灌溉、旱涝保收的数百里沃野和粮仓,白沙溪流域所在的金衢盆地成为浙江仅次于杭嘉湖地区的第二大产粮区。

南宋右丞相王淮以《白沙遗兴》记录了白沙溪流域的场景:

白沙三十有六堰,

春水平分夜涨流。

每岁田禾无旱日,

此乡农事有余秋。

从王淮笔下,人们似乎闻到了新鲜的泥土气息,看到无数晨光和落日下的劳作身影。还有那春天里如诗行的禾苗,夏天里扑面的稻香,秋天里金色的稻浪……

## 走向文明

因为三十六堰,白沙溪流域的百姓在大自然面前,看到了人的局限性,也看到了群体的力量,学会了处理纠纷,学会了团结协作。

从至今尚存的白沙溪堰帖、堰碑、堰规中可以窥见,每座堰都建立了堰会、制定了堰坝管理规定,人们也在不断总结调解水利纠纷的经验。

清光绪三十四年(1908)重修《万坛堰帖——金华白龙桥三十六堰》中,清晰地绘制了三十六堰的布局地形图,并记录了康熙、雍正、光绪年间当地政府调解村民用水纠纷,合理分配三十六堰运作的协议书。

任何事物的发展都离不开问题和矛盾的不断出现,面对问题和矛盾,断然不能脆弱得一触即溃,而应不断想出各种办法去解决,使事物更好地发展。

人类的文明,是不断地打开一道又一道门,去看一个又一个世界的绚烂的过程。门道有序,只有打开了前面一道门,后面的门才有可能被打开。越过了人与自然、人与人相处的门槛,白沙溪的文明才能走向远方。

白龙桥镇临江村位于白沙溪与婺江的汇合之处。在这里,白沙溪即将汇入婺江,白沙古堰群的最后三堰——上河堰、下河堰、中济堰执守于此处。上河堰、下河堰,位于临江村东南,现已改为橡皮坝。中济堰位于临江村对岸的东俞村,灌溉田地二十余亩,这也是白沙溪古堰群的最后一堰,至此,白沙古堰完成了它所有的使命并画上圆满的句号。

同样肩负使命的临江村,因为独特的地理位置,成为金华主要的水陆码头,一度成为客运和货运的集散地,成为相邻府县驿道的必经之地,手艺人汇聚,铺店成街,商贾云集。明清时期,这里成为金华商帮的重要发祥地。

史料记载了当年临江村的繁荣景象,"舟迎麦浪、塔涌松涛、千年雪积、万斛香飘、帆飞柳上、烟锁林梢、灯明渔浦、月挂溪桥"。字里行间,无不是繁华。如今,村庄中著名的"明清一条街"仍然掩映于村舍民居、亭榭楼阁之中。老街东西走向,街头到街尾五百余米,村内明代的古建筑群至今保护完好。

临江村的繁荣景象,是古时白沙溪流域发展情况的一个代表。

古方村的古街上有一古老的朱氏宗祠,占地两千七百平方米,始建于明洪武早年,扩建于孝宗弘治年间,重修于2018年。祠堂坐北朝南,平面布局为长方形,建筑有三进,为典型的明朝早期建筑风格,带有元朝建筑之风。

婺城区文化遗产保护中心原副主任朱明升小时候曾在这个院子里居住,这里有他童年的身影。他从白沙溪畔的这个院子里走出去,又回到这片土地上工作,他把对这片土地的情感倾付于白沙溪的申遗工作。朱明升指引我看宗祠北边的紫阳书院,这个书院曾名震一方,如今虽已是残垣碎瓦,却是他心中的圣地。《金华教育志》记载,紫阳书院建于明代,是古时地方的重要书馆,是族人祭拜纪念朱熹的场所,又作本邑各姓门生弟子读书习经场所。明清时,在此曾教育培养了大量名人学士。民国、新中国成立初期仍作学校之用。

在这片土地上,养育了以滕珦为代表的父子四进士,滕珦致仕之时,白居易《送滕庶子致仕归婺州》赞曰:"东阳门外数滕家。"这一方水土,是明末与金华城共存亡的抗清将领朱大典的故乡,是"理学"传承者"北山四先生"之首何基的埋骨之地。

## 金华酒

白沙溪流域的古方村原名酤坊,单听这一名字,似乎就能闻到从其间飘来的源源不绝的酒香。白沙溪流域因为三十六堰而年年粮食丰收,古方村以粮食和白沙溪水为原料酿成的酒,口味甘甜醇香。因为酒业的繁荣,这里逐渐形成了古老的街市。每年农历九月十三和十六,在此举办的庙会,更是热闹非凡。这样飘洒着酒香的繁荣街市,在白沙溪流域不在少数。

金华酒,不仅是稻米的产物,更是水的精华。白沙溪流域成片的沃野、如山峦一样的稻谷,加上清澈甘甜的溪水,使酿造美酒成为这片土地新的使命。在冬至后的第一场雪覆盖婺州大地的时候,白沙溪畔的酒香便已飘散开来。

金华酒丰腴了众多英雄故事,也催生了无数诗句与华章。唐代诗人韩翃在《送金华王明府》中写道:"家贫陶令酒,月俸沈郎钱。"在唐朝的樽中月影里,金华酒已化作男人的肝胆和女子的胭脂。清乾隆年间的诗人袁枚曾在《随园食单》里道破金华酒的特别之处:"金华酒,有绍兴之清,无其涩,有女贞之甜,无其俗。亦以陈者为佳,盖金华一路水清之故也。"

金华酒的酿造历史可以追溯到商周时期,汉代之后全国实行"榷酒"之政,酒类由政府专营。唐宋时期又迎来一个发展时期,白沙溪流域的"酤坊"酿造的金华酒声名远播,是专营制酒售酒的官家酒坊。北宋年间,白沙溪"白机酒"经过不断改进,被广为推崇。"白穗酒"还经当时发达的水路交通销往全国各地,被京城汴梁和齐鲁一带的达官贵人奉为佳品。吴越王钱镠岁岁向各王朝进贡,其中的金华酒为定制的贡酒。元朝时期,官府将金华酒的酿造方法和酒曲方定为"国家标准",并加以推广。到了明清,金华酒的醇香让举国沉醉。明末顾起在《客座赘语》中写道:"京都士大夫所用惟金华酒。"同时期的冯时化著《酒史》,提及"金华酒,金华府造,近时京师嘉尚"。《金瓶梅》《事林广记》《名酒记》,以及"三言二拍"中亦频繁提及金华酒,可谓"曲米酿得春风生"。

## 白沙庙

我在亭久村走进一个名为祖墈庙的庙宇,庙内塑像赤面垂须、高大温和,却让人肃然起敬,这尊塑像正是卢文台。这是当地百姓感念卢文台的治水功德，于东汉中平元年（184）所建。祖墩庙占地约五百平方米，共两进，每进各三间，中间置穿廊，左右为壁画，殿上檐悬"白沙大帝""昭利候""武威候"等匾额。

七十五岁高龄的童三乃义务管理这座庙宇已有二十五年，祖墩庙已成为童三乃生命的一部分，如今他年事已高，早早把管理这座庙的责任传给了儿子。

我很惊讶，在两千多年的历史风云中，祖墩庙不知已毁了多少回，但依然被一种无形而绵长的力量传承至今，如同天井上那些不知名的小草，无比顽强而坚韧。

祖墩庙只是白沙溪流域三十六座庙宇中的一座。祖墩庙与白沙昭利庙、古方元檀庙、横大路马海庙、栅川白沙庙、长山伏龙庙一起，被列入市、县（区）文物保护单位。

白沙庙，亦称昭利庙，于三国吴赤乌二年（239）始建，是金华境内最古老的庙宇，至今多有诗文碑颂流传。

《宋昭利庙碑记》记载："吴黄武四年三月大水，庙之香火漂至白砂。居民范氏复诸官，官请诸朝。吴王命诸葛恪、杜宣核其故。不诬，乃许建庙。"《宋昭利庙碑记》由吕祖谦的学生杜旟所作，还原了昭利庙兴建的往事，讲述了在百姓中口口相传的一段关于白沙庙选址的传说：黄武四年（225）大水，祖墩庙的香炉随波漂流到卢村边，村民们认为这是天地神灵的选择，于是就选此址造庙。

白沙庙在近一千八百年的历史进程中，屡毁屡建，屡建屡毁。唐宋元明清至近现代，都有重修重建的记录。最近的一次是在1992年，由当地百姓捐款捐物、出钱出力，按原貌恢复，并举办了一场盛大典礼。

如今的白沙庙占地九百平方米,坐西朝东,重檐歇山顶,面阔五开间,单层,进深六柱十一檩,地面铺水泥仿制的方形磨砖,重檐外金柱之间有一块荷花石板,上饰有各式荷花纹样,四周为圆纹,颇为雄伟。

相传每年农历九月十三卢文台诞辰之日,邻近村落百姓自发会聚于此地举行盛大庙会。

马海庙,也称马海地昭利庙,重建于明代,清代时重修,殿前八字大门,建有戏台,檐明间两侧有双井与庙共存。大殿坐北朝南,占地面积五百三十平方米,前后三进,左右设厢房。第一进大门两厢有鼓和钟;第二进中院,有白沙大帝、白沙娘娘神像;第三进为卢公堂。西侧建有一座"三保经堂"的观音堂。

该庙由马海畈数万亩受益农田的民众为祭祀"白沙老爷"而兴建。

为祭祀卢文台而建的白沙古庙群,星罗棋布于南山的溪谷平原,它们围绕三十六堰兴建,成为民间信仰的汇集地。三十六座庙宇,与三十六堰相映衬,在数千年的历史长河中,百姓自觉地传承着这一历史的续建约定,这是一种怎样坚韧而绵长的文化力量!

## 遗　风

自三十六堰建成,白沙溪流域成为鱼米之乡、富饶之地,关于治水的文化和信仰也随之在这片土地上盛行。除了建筑三十六座庙宇,生活在这片土地上的人们还自发形成了白沙庙会。

每逢白沙庙重建开光、农历九月十三卢文台诞辰、农历三月十六卢文台祭日,各村都会组织庙会,三十六堰灌区村民会自发参与活动,盛况空前。

民国三十七年(1948)农历十月初四,因白沙庙重修竣工而举办的庙会共吸引了金华、兰溪、汤溪三地数万名群众参与。据记载,庙会当日千烛煌煌,香烟缭绕,人流如涌。各村庄各显特色,叶店村共送珠灯一百盏,琉璃灯五十盏,彩灯三十盏,花篮灯五十盏;东俞村陈列十张八仙桌的祭品,除了熟牲、水产、饰品,还有面粉捏制、竹木雕刻、珠宝串成的"猪""牛""羊""兔""虎""豹""花""蝴蝶""孔雀""天鹅"等精湛的手工艺品……这次庙会不仅载入史册,在往后的数十年间,还不断被人们提起。

白沙舞队,是一项极古老的原生态民间习俗表演形式,在每一甲子的辰年举行,曾流行于亭久、高儒一带。舞时,由一人执杖前引,随后四人身着黑衣,头上插花,代表春夏秋冬四季。之后,是二十四个十余岁的童子,身穿红衣,头上插花,代表二十四节气,跳狮子舞,时聚时散,其间穿插由方言编成的七字句的祝福语,祈求四季平安,颇具远古舞蹈的抽象色彩。参与者击鼓呼喊,响声震天动地,回旋山谷之间。

遗憾的是,这项民俗活动约于清嘉庆年间失传。明代,地方学者杜翔凤曾重建舞队并填词一阕:

舞队未旋狮已跳,插花一团红日曜。迎神神醉赐神休,听竹爆,黄鹏噪,旌动龙蛇香色罩。

坛上扶犁坛下钓,风拂晴云花意闹。喧嗔箫鼓应山鸣,杯酒酹,休春懊,岁计从头占侯到。(《天仙子·舞队》)

远古的舞蹈加入了时代的气息,把人们再次引回那一段悠远的历史中。

除了庙会和白沙舞蹈,还盛行摆胜。每逢开办庙会或其他庆典,各村多会举行"摆胜"。这项习俗广泛流行于汤溪一带。

摆胜场面颇为盛大。供奉品种五花八门,有蔬菜果品和三牲飞禽,有各式字画和民间古董,还有雕刻、刺绣和剪纸等手工艺品,花色品种多达数百种。民间艺人从四面八方赶来,用精湛的技艺表达祝福,共同为来年风调雨顺祈福。

每逢庙会或开光的日子,富户人家常会独资聘戏班来演戏。有时,会遇上两户人家都分别请来了戏班,在一个地点有两个戏班同时演出,就形成了"斗戏"。

当地老人回忆,民国三十七年(1948)筱溪村的庙会上,就出现了"老智云""大荣春""方荣福"三个戏班同台"斗戏",演出时间长达三日四夜。每场演出开始和剧终都以放铳为号,先锋号头声、锣鼓声、丝竹声此起彼伏。斗戏的结果往往以台前观众人数的多少来评判,因此,戏班都拣自家的拿手好戏竞相争雄。观众群忽而涌东,忽而挤西,其间的精彩和热闹,只有置身其间才能体会。

## 坚韧绵长

卢文台筑建三十六堰的功绩,记在这片大地上,更记在百姓的信仰里。在近两千年的时间里,这里的百姓以坚韧而绵长的民间接力在这片土地上传承着他们的信仰。而与这份力量对应的,是同样坚韧的旷世之怀,是读懂自然的雄才大略,是纯洁的赤子之心,唯有此,才能抵达百姓的内心,抵达百姓内心那个最柔软的地方,然后,百姓拿出自己最赤诚的部分奉上,一代又一代,如同这片土地上的野草,生生不绝。

辛丑年雨季,我再次走近白沙溪。随心而行,迎面撞上了水库大坝,环顾左右,才知这坝就是金兰水库大坝。我赤脚拾级而上,喘着气走上堤岸时,眼前豁然开朗,但见金兰水库在群山环抱中,烟波浩渺、宛如仙境。金兰水库得天地精华,承这片土地的禀赋,成为这片土地的生命之源。正值雨季时节,水量充沛,超过蓄水界线的水,经大坝排泄口源源不断流入下游。

金兰水库往下,白沙溪与琅琊镇擦肩而过,宽阔的溪面上有游泳者,杨柳依依的溪边有垂钓者和浣洗的村妇。仔细看时,溪边上可见一个个精密的排水口……

卢文台的塑像立在琅琊镇白沙溪旁,他身形魁梧,头戴斗笠,身穿蓑衣,手持耒耜,明明是一位农民,看起来却更像一位将军,背后没有千军万马,却有无数百姓。他面向东南,那是白沙溪水远去的方向,白沙溪水流出我们的视野,汇入婺江,一路向西,再拐个弯向东流去,连同坚韧而绵长的文化力量,汇入钱塘江,流入东海。

# 铁店瓷回乡

元延祐七年（1320）春，万物生长、满眼新绿，金华琅琊铁店村上空，数架高耸入云的烟囱长烟不息，与处处炊烟彼此应和，人间最美的景象莫过于此——家家户户的饭菜飘着香味，这片土地上烧制的瓷器畅销各地。是的，那高耸入云的烟囱之下，是一座座潜伏在山坡上的龙窑，这里的龙窑披着神秘的面纱，时时幻化出只有这片土地才有的如玉石般闪着幽兰色泽的瓷器。

## 出　村

宁波的司造府，连年在这里订制这如玉石般闪着幽兰色泽的瓷器。今年也不例外。这冒着烟的龙窑里所烧制的瓷器中，就有宁波司造府订制的瓷器，这批瓷器将作为地方特产，出口韩国。这是官方订制的瓷，不仅仅是生意，也是铁店瓷器的荣誉。这些瓷器被运往韩国，是一次漂洋过海的远行，对生长在白沙溪畔的瓷器手艺人来说，他们自己这一生都没出过远门，更不用说出海，但是他们手上烧制的瓷器将带着他们的气息走出铁店，走出金华，扬帆远航，前往他们想象过多次的国度。

这天清晨,龙窑的老板和匠人们对精挑细选的一小批瓷器进行认真包装,随后,他们把这些瓷器慎重地抬上溪边早已等候的小船,又对船上的伙计叮嘱再三。小船在晨曦中离开溪岸,向远方驶去,越来越小,转个弯便不见了。匠人们都回到他们的加工作坊去了,这位老板却还站在岸上向远处望,似乎他要告别的不是小船,至于是什么,他自己也说不清楚。他眉头微蹙,脸上有着让人不易察觉的愁容——江西景德镇的瓷器风头正盛,无论是瓷器细腻度还是釉彩的饱和度和亮度,都比铁店的瓷器要好得多,而相比之下铁店瓷呈现的不足,一时无法补足。他留下一声深长的叹息,返身往村里走去。

龙窑老板的担心,在历史的潮水中一一应验:在铁店村瓷器的难题攻破之前,铁店窑瓷器的市场份额不断减少,甚至悄无声息地被抹去。世事总是如此,热热闹闹庆祝的总是一目了然的喜讯,不可逆转的大势总是在悄无声息中运行。曾经繁荣一时、名声在外的铁店瓷器退出了历史的舞台,铁店龙窑的烟囱不再冒烟,继而,又在历史的风雨中倒塌,一个个创造过无数奇迹和惊喜的龙窑,甚至被历史的尘埃所淹没。

## 入 海

1320年春的清晨走出铁店村的瓷器,开始了不寻常的航行。小船一路向北,从铁店村来到金华城,又换上更大的船,西行至兰江,东转向富春江、钱塘江,又辗转来到宁波港。此时,龙泉窑、钧窑、吉州窑、磁州窑的瓷器也一一到齐,所有瓷器一起登上一艘叫作福船的大船并开始远行。福船由福建、浙江一带制造,专门用于远航,底部的船舱被分成一个个独立的隔舱,即使船只局部被撞破损,也可以把漏水限制在局部,及时补漏排险,航船仍可无恙。

宁波司造府对这次远航的安排可谓尽心尽力,然而,也许是目标过大,也许是牵连了某个阴谋,这只福船还是遭遇了意外,福船破了洞进了水,船底船舱的隔板全部被砸毁,进水越来越多,加上船上瓷器本身的重量,终于在距离韩国首尔四百四十千米的新安海域沉没,一切都沉没在海水之下。

时光流逝,铁店窑的窑址已被厚厚的尘土掩盖,远航的瓷器静静地沉寂于海底。一切都无声无息,似乎一切都未曾发生。

数百年的时间过去,人间的景象换了一轮又一轮。景德镇的瓷器在数百年的时间里长盛不衰,瓷器也早就打破了地域和技艺的限制,在历史的车轮和技艺的进步中握手和解,成为互通有无的技艺和资源。

## 惊　世

1976年11月,一位渔民在捕鱼时无意中打捞上来几件瓷器,瓷器不仅完好无损,还熠熠地闪着光彩,专家一鉴定,吃惊大了——这些瓷器大部分是宋元时期的精品!一批在海底沉睡了六个半世纪的精美尤物即将惊艳世界。

一次注定载入史册的海底大考古由此展开。1976年和1977年,考古工作者在韩国新安海域打捞上来一艘元代的中国沉船,船内共有一万两千五百三十九件陶瓷器,其中有龙泉窑瓷器、景德镇白瓷和青白瓷、钧窑系红瓷、吉州窑白地黑花瓷和建窑黑釉盏等。龙泉窑瓷器占大部分,以供器、陈设器和文房器为主,质地好,使用规格高,是当代非常少见的精品。

然而,考古专家在整理打捞的瓷器时发现了一个问题。

有书这样描述:"钧窑系瓷器有花盆、水盘、壶形水注等,因其釉、胎土和北方的元代钧窑不同,故有可能是南方模仿北方的产品,胎土比北方的稍微粗糙,在施的釉上除了黑釉还有灰水,经两次施釉,尽管如此,既没有朱砂发出的红色,也没有内含的奶色,仅有漂亮的天蓝色。"也就是说,钧窑系瓷器中,三个类别的瓷器是异类,无论是釉还是胎土,都和北方的钧窑明显不同。专家由此猜想:这是南方模仿北方钧窑的瓷器。

那么,中国南方哪里才是"仿钧窑"的故乡呢?

历史总是充满许多神奇的安排,在新安沉船中发现"仿钧窑"瓷器之后,铁店龙窑旧址在一场大雨过后撑开厚重的历史尘土,露出一抹闪着幽兰光泽的色彩……

不久后,被誉为"中国陶瓷泰斗"的北京故宫博物院陶瓷专家冯先铭前往日本考察,看到在韩国新安海域打捞的中国陶瓷"仿钧窑"中的那抹幽兰色彩,他的内心有些激动:一个陶瓷界寻找了八年的"仿钧窑"故乡的名字已在他的心里,但本着一位考古学者的严谨,他还要到当地进行考察。

## 回　乡

很快,金华本土瓷器研究专家贡昌收到了冯先铭提供的这一重要信息,立即对金华县(现金华市)铁店村的窑址进行了重点复查。他从窑址土坑中采集了大量标本,结果无疑是让人振奋的。

1983年11月,冯先铭来到金华,同行的还有故宫博物院李毅华、考古专家李德全及浙江省考古所的相关人员。

冯先铭在白沙溪畔铁店村挖掘的遗址中,捡起那散发着幽兰荧光的瓷片,转头对身边的贡昌说:"新安沉船中的'仿钧窑'瓷器无疑出自这个窑口了。"声音有些颤动。

冯先铭是中国瓷器研究泰斗,贡昌是婺州窑研究的地方专家。他们得出这个结论,不是一件小事——对东南亚的考古而言,悬了八年之久的中国"仿钧窑"瓷器终于找到了故乡。对金华而言,一段灿烂的铁店窑乳浊釉的历史穿破了时光云雾重回人间。从此,铁店窑那神秘的闪着荧光的幽蓝色彩为世人所知。

显然,铁店窑乳浊釉瓷器与北方同时期的乳浊釉瓷器有明显的区别。

钧瓷产自河南禹州市钧窑,是中国宋代的五大名窑之一,以烧制艳丽绝伦的红釉而闻名,并开创了铜红釉之先河,改变了以前中国高温颜色釉只有黑釉和青釉的局面,把瓷器艺术境界推进了一大步。

贡昌先生关于乳浊釉的历史研究收藏于他留给后人的《婺州古瓷》中。书中记载,婺州窑瓷业生产开始于商晚期的原始瓷,经过西周、春秋战国、西汉,到东汉晚期烧出成熟的瓷器,至唐、北宋,婺州窑瓷生产达到高峰。唐早期创烧成功的乳浊釉一直延烧到元、明时期。

婺州窑在唐代就烧成乳浊釉,其釉变之审美开创了瓷色审美之新领域。位于金华市琅琊镇铁店村的窑址,是婺州窑乳浊釉的代表。琅琊镇范围内有多处古窑址,大部分是北宋时期的。铁店乳浊釉瓷,是两次上釉,第一次浸釉,釉层较薄,晾干后,再浸第二次乳浊釉料,然后一次烧制成功。在窑火中自然釉变后的釉彩具有荧光般的幽雅和蓝色光泽,具有玉质感,晶莹美丽,釉面滋润浑厚,增加了器物美感。铁店窑窑变釉瓷器的大量生产,是宋代茶文化促就而成的。这种瓷器大量出口海外,可见人们对它的喜爱。我在铁店村的山坡上,捡到过一块乳浊釉的瓷片,那幽蓝的色泽无比惊艳。这是怎样的色彩呢? 雨天,看到忧伤、离别,这是江南的色彩;晴天,看到热情与执着,也是江南的色彩。

# 问学圣地紫霄观

夏日傍晚,穿过芝英一条条悠长的街巷,走过一座座相连的祠堂和宅院,蹚过这个千年古镇的繁荣与沧桑,在紫霄观前驻足。

紫霄观历经千年风雨,已满目沧桑。能进去的,只有东厢房所在的院子。这是一个平凡得不能再平凡的地方,然而,门口一块陈亮撰写的《紫霄观重建记》隶书石碑,叙述着这个院子的不同凡响,记录着紫霄观走过的历史,以及在浩瀚的历史长河中起过的波澜。

建筑已经老旧,楼墙屋瓦古迹斑斑。一个生人的闯进,惊扰了老建筑的寂静,陈墙旧瓦间收藏的琅琅书声,一串串滚落而下:脆生生而抑扬有序。书声唤醒了老建筑千年的智慧和诗意,胡则、陈亮、叶适、应典、应廷育,闪烁着思想之光,吟诵着诗词歌赋,从历史中走来……

## 《紫霄观重建记》

紫霄观位于芝英八村东头紫霄路64号,始建于南朝梁大同二年(536),距今已有近一千五百年历史。紫霄观是三教融合的道观,内有慈云禅寺、和尚坟。正殿有三清殿、大雄宝殿、玉皇阁,偏殿有文昌殿、关公殿、胡公殿。道观有城墙、沟渠、暗道、古井等遗址。

千余年前的南梁,芝英应氏七世祖应昭(487年生)在芝英创建了这个家族式道观,开始了紫霄观千余年的历史。

陈亮在《紫霄观重建记》中记录了紫霄观自南梁到南宋六百多年间的兴衰。《紫霄观重建记》提及,"梁氏"望此山有王气,掘基地,有双鹤飞腾而去。其见山川深长宽广,忧其王者之气不足,担心国运不妙。如此区区小山脉之气象,也足以让一国之君产生对国家命运前途的忧虑吗? 又说紫霄观旁有仙人炼丹之所,从梁大同年间开始就是紫霄观所依赖的地方! 到了钱氏立国时,紫霄观因曾经受到崇拜奉祀而又得到整理恢复……紫霄观是宋朝崇尚道教而统一管理和保护的殿宇,因而长盛不衰。可惜于北宋宣和二年(1120)发生了一件令人痛心的事。一批寇盗趁方腊起义、社会动乱之机,不仅把一切值钱的东西掳走,而且焚毁了这座殿宇。盗贼平定后,该观已无尺椽片瓦,只好按照道士的人数编茅为屋用以居住,同时在其前面敞开三门,供人瞻仰……

梁朝时期,紫霄观兴盛一时。宗谱记载,应昭的长女为梁简文帝淑妃。549年,信奉道教的梁简文帝曾朝拜紫霄观,紫霄观由此闻名中华大地。从唐代开始,紫霄观也兼具了书院功能,直到清末,仍有许多应氏子孙在此读书。千年灿烂千年光辉,千年风雨千年修为,紫霄观在历史的风云中盛衰起伏,几经损毁重建。

## 青玉案

武陵溪上桃花路,见征骑、匆匆去,嘶入斜阳芳草渡。读书窗下,弹琴石上,留得销魂处。落花冉冉春将暮,空写池塘梦中句。黄犬书来何日许?辋川轻舸,杜陵尊酒,半夜灯前雨。

　　如此优美而伤怀的《青玉案》,出自南宋状元陈亮,读来唇齿留芳,千百年来被后人不断传唱。陈亮胸怀大志却难酬,只能终日读书弹琴、泛舟饮酒。从词的内容和情境来看,《青玉案》应该写于南宋淳熙十六年(1189)。词中"空写池塘梦中句",那"空写"两字或是表达了收复中原无望之情。《青玉案》或是陈亮写于第五次也是最后一次上书不果之后,这次上书,陈亮怀着自己的远大抱负和人生渴望,再次遭遇冷落。词中隐藏着陈亮内心无尽的失落与悲凉。这一年冬天,陈亮与辛弃疾同游江西鹅湖,并约定会朱熹于紫溪,因朱熹不至而东归。

　　陈亮在南宋淳熙九年(1182)撰写的《紫霄观重建记》中也描述道:"明窗净室以自启处,道经儒书更阅不休,而文墨棋琴皆所不废。客至,萧然终日,忘其为驿道居民之可厌也。"

　　紫霄观于陈亮而言,是成长之地。他在少年、青年、壮年时期,都曾在此读书、研学。难怪陈亮在人生失落之时选择了回到紫霄观。这里有待他如亲人的道士,有抚育他成长的"道经儒书",有他喜爱的"文墨棋琴"。这里是"茂林修竹"的洞天福地。在这里,他的情感得到慰藉,失落抑郁的心情得以释放。

　　对于陈亮在紫霄观读书的历史,《(光绪)永康县志》卷之二也有记载:"紫霄观,旧名招仙,在县东三十里。地名,芝英。梁大同二年建。陈文毅,亮,曾读书于此。"20世纪中期,芝英人还能常听到代理住持叶龙火讲述家境贫寒的陈亮在紫霄观读书的故事。

# 实事实功

南宋绍熙四年(1193),陈亮状元及第。授签书建康府判官公事,未赴任而卒。端平初年,被追谥"文毅"。

陈亮一生不得志,考中状元后的仕途很短,甚至没有赴任就已离世。然而,他所作的政论气势纵横、词作豪放,他的《龙川文集》《龙川词》中有许多不朽之作。更重要的是,他的思想至今散发着耀眼的光芒。

陈亮力主抗金,曾多次上书孝宗,反对"偏安定命",痛斥秦桧奸邪,倡言收复中原,完成祖国统一大业。他提出了"任贤使能""简法重令"等革新图强言论;他提倡"实事实功",有益于国计民生,并讥讽空谈"尽心知性"的理学家为"皆风痹不知痛痒之人"。他的文章说理透辟,笔力纵横驰骋,气势慷慨激昂,自称"人中之龙,文中之虎",可谓"推倒一世之智勇,开拓万古之心胸"。

有学者认为,陈亮作为一位处于社会底层、善学敏思的英才,长期在芝英紫霄观研学,对芝英的实业发展耳濡目染,明白实业对人们生活的重要性,对他后来"农商相藉"等思想的形成有重要的促进作用。

陈亮常在紫霄观读书,有更多的机会深入了解芝英手工业者和商人的创业之道,熟悉芝英商贸市场的盛衰变化,了然芝英工商业对农业的反哺……或许,正是这些认识,促进了陈亮思想的理性升华,才有了后来著名的"农商相藉"的事功学说。明朝芝英乡贤应仕濂践行"实事实功"之路,与陈亮的思想遥相呼应、彼此印证。

# 《题紫霄观》

绮霞重叠武陵溪,鹫岭相将路不迷。白石洞中人乍到,碧桃花下马频嘶。深倾玉液琴声细,旋煮胡麻月色低。犹恨此身闲未得,好同刘阮灌芝畦。

早在陈亮写下《青玉案》之前,胡则已写下了《题紫霄观》,少年陈亮在紫霄观里读书时,紫霄观内已有过许多胡则的身影。

胡则《题紫霄观》的大概意思是:三月上旬,一个晴朗的傍晚,美丽的彩霞笼罩着流经紫霄观前的武陵溪上空。我行色匆匆地赶往紫霄观,全凭前方有鹫岭迎面引路,我没有迷失方向。当我刚到白石洞(紫霄观)的时候,听得观前芝英驿道边上桃树林下频频传来马嘶声。在观里,我一边尽情地品尝着醇香的美酒,一边舒心地品味着轻轻的琴声,酒后又煮芝麻饭用膳,此时已是月色低沉了。我恍惚来到刘晨、阮肇遇仙的世界,但无奈自己还未能得到超脱碌碌凡尘的幸运,否则,我可以与刘晨、阮肇一起在仙界种植和浇灌灵芝。

诗中的"鹫岭",本是印度佛教圣地,这里用来借代紫霄观前面的三宝峰。在胡则眼里,三宝峰是"鹫岭",紫霄观就是他心中的佛教圣地。胡则此次也并非第一次来访,他不仅对紫霄观的地理环境非常了解,而且在心中有自己的认识、理解和借喻。

胡则是芝英应氏的外甥,于北宋端拱二年(989)考取进士,为婺州有史以来第一个取得进士功名的文人。

# 问学圣地

紫霄观的晨钟暮鼓与学问诗歌,在千年之前就结下缘分。

"梅花新染石芸香,云笈研词晋讲堂。白发诗心敦古处,紫霄道脉接仙乡。鹿车常对风原旧,鹤算初周日正长。更羡庭前双玉树,年年畊读奉瑶觞。"清朝官员、诗人王堃(字厚山,号小铁)因为什么来到芝英紫霄观有待查考,但他的诗歌已留在芝英的历史上。

"野水随路贡,东风得木鸣。景物已和柔,川原倍敷荣。藏桑高既条,细草亦丛生……"写下这首《与英上人游紫霄观戏述短歌》的叶适是陈亮的朋友,字正则,号水心,温州永嘉人,南宋淳熙五年(1178)榜眼,南宋著名思想家、文学家、政论家。曾任太学博士、尚书左选郎、国子司业、兵部侍郎等职,有著作《水心先生文集》《习学记言》等。

应氏子孙名师应咬香在《步兰亭主人题紫霄观原韵》中这样感慨:"元运变迁代不同,遥遥留下紫霄宫。夜清常见烧丹月,世远难追化鹤风。院宇云归旋聚散,田园滕起遍私公。何堪剥削无休日,古观几埋荆刺中。"

"紫霄始自大同兴,化鹤仙人已上升。幸赖宋贤留一石,千秋胜迹不骞崩。"应氏子孙名师应咬香通过《紫霄化鹤》写下自己心中的紫霄。

芝英宗谱《灵泉先生传》里有云:"从父讳希文,字崇周。少尝泽豹于紫霄道院。灵溪旋绕其侧,公日临流洗砚,遂号灵泉云。厥考天敏府君,龚令尹寒泉公,以'云林高蹈'颜其堂者,从诸父宿州守芝田公学。"

《松月应翁行状》写道:"余少读书紫霄道院,有松月应翁者,余先祖姑丈也,爱余独至。"

"勋名钟鼎垂青史,文彩龙鸾焕紫霄。"永康应氏宗亲、民国著名书画家应均曾写下这样的诗句。紫霄观是应均心中的圣地,也是所有应氏子孙心中的圣地,让所有知道紫霄观前尘往事的人心怀敬仰。紫霄观的思想之光闪烁千年,这里梵音袅袅、书香阵阵、诗意不绝。

芝英紫霄观来过多少大儒、文人,留下多少诗意和思想的火花,我们已经无从知晓。然而,《芝英应氏先型录》记载,观内烧火做饭的道人常听来客吟诗作赋,耳濡目染也学会了作诗。一日,众人饮酒赋诗,那道人上前道:"尔辈我不能乎?"于是授笔使之赋七律诗一首,顷刻而就。诗云:回忆当时此地游,披荆锄棘汗如流。釜甑空悬琴煮鹤,红尘牢锁网罗鸥。醉饫松风消炎夏,饱餐爽气度凉秋。夸鹤仙人今安在,山空叶落白云留。

在千余年的时间里,紫霄观成为名士论学传道、文人墨客吟诗作赋之所,不仅吸引了永康境内的饱学之士,也吸引了大量外地的名士名家。历经千年,芝英紫霄观已把自己修成问学的圣地,写成了一首历史的长诗。

# 千年驿道峰岘岭

芝英镇岘口村至方岩镇杏桐园村，有一条保存完好的鹅卵石古道，名峰岘岭古道。这条古道，是一条千年古驿道，也是一条古盐道。那发着亮光的鹅卵石上，重叠着无数过客的脚印，响起过无数挑夫木拐的敲击声，珍藏着岁月的痕迹，见证着一段盐业的兴衰史。

永康南宋状元陈亮于南宋淳熙九年（1182）撰写的《紫霄观重建记》碑文中有两处明确记载，"予居之南凡二十五里，而得洞灵源福地焉。川野平衍，居民错杂，又近在驿道之旁，非有所谓窈深不可寻究者"，"明窗净室以自启处，道经儒书更阅不休，而文墨棋琴皆所不废。客至，萧然终日，忘其为驿道居民之可厌也"。从这两处记载可见，芝英紫霄观附近有驿道通过，人员来来往往，十分热闹。

同样，陈亮在《青玉案》一词中记述："武陵溪上桃花路。见征骑、匆匆去，嘶入斜阳芳草渡……"据悉，现在芝英紫霄观前的灵溪古名为"武陵溪"，词中的"桃花路"，就是在桃花丛中"征骑""嘶入斜阳芳草渡"的驿道。

再往前，北宋名臣胡则写的《题紫霄观》一诗中也有记述："绮霞重叠武陵溪，鹫岭相将路不迷。白石洞中人乍到，碧桃花下马频嘶……"这里所说的"武陵溪"旁,"碧桃花下马频嘶"的地方,都是芝英古驿道。

"从这些资料可以看出,在北宋时,芝英就有古驿道,只是那时的古驿道从杏桐园到峰岘岭横栏过皇光岭到芝英。后来,因为人流量不断增加和地理条件所限,清道光年间,在峰岘岭到岘口村新开辟了一条道路。"芝英历史文化研究会会长应业修说。

根据《紫霄观重建记》及相关资料的记载,梁简文帝于公元549年曾到过芝英紫霄观。有研究者认为,皇帝驾临芝英,必用驿道。因梁简文帝当时是在危难时期临时出巡,所使用的必定是现成的驿道。这现成的驿道只能建于东晋初期应詹将军屯兵屯田开创芝英之时。

芝英宗谱信息显示,在芝英屯田留居的应詹是朝廷重臣,担负着重要使命和责任。无论是应对战事,继续往南平乱,还是屯田开发并沟通与东南方的重要物资运输(特别是到仙居皤滩的盐运),以及一般人员往来紧急通信联络,都需要一条贯通婺州和台州等地的驿道。而应詹手握重兵,具有修建古道的能力。

在胡则的《题紫霄观》、陈亮的《紫霄观重建记》和《青玉案》中,"嘶入斜阳芳草渡""碧桃花下马频嘶"的古驿道历经千余年后,马嘶已远去,古道和斜阳依旧在。

小寒时节,和芝英历史文化研究会的人员从岘口村出发,从蜈蚣凉亭处拐进,便见鹅卵石铺成的古道。因为行人不多,古道两旁长着荒草,只留下五六十厘米宽的小径,但一些特别路段,依然可见古道当年的样子:约一点五至两米宽,全部由光滑的鹅卵石铺就,中间稍稍拱起,拱起的鹅卵石比两边的大些,两边则微微下倾。如此建造,据说是为了保持古道路面干爽。此外,每隔数十米,古道都有一个排水沟的设计,以方便排水。

峴峰亭是古道上的一个高点,古老的凉亭已在岁月无常中倒塌,现经人赞助进行了重修。新建的岚峰亭旁,老凉亭上拆下来的老石柱还在,古旧而苍老,似乎在述说着人世无常,以及曾经的喧闹与寂静。走过这个高点,经石门水库到杏桐园村都是下坡。

古道上坡下坡,在山间蜿蜒,一路上,山地、水塘、涧水相伴。古道旁草木枯黄,斜阳在古道上映下长长的影子……

芝英历史文化研究会成员应子贤介绍,峰峴岭古道只是古盐道的一部分。这条古盐道的路径为:仙居皤滩—苍岭—壶镇—永康,穿过永康市的新楼、岩后、芝英、清溪、雅吕等,过武义到达金华。

皤滩位于仙居县城西部,是一个商贸古镇,也是水陆交会之地,连接东南沿海与浙西内陆。优越的地理位置成就了皤滩以盐业为主的商业繁荣。最鼎盛时期在清朝中期,皤滩古镇除水埠头外,镇内还分布着五处埠头:武义埠、东阳埠、缙云埠、永康埠和公埠。从民国初期开始,由于交通条件改变,皤滩盐路失去了原有的功能,古镇逐渐萧条。

峰峴岭古道的热闹与萧条连着皤滩古镇的兴衰,从皤滩古镇的历史,大致可以看到峰峴岭古道的过往。古道上发生的许多故事我们已无从知晓,但是那一时期永康人食用的食盐大都经由这条古道而来,它曾经连着永康人民的生计,繁荣过一方经济。

"听上辈人说,这里曾经有过络绎不绝、规模颇大的挑盐队伍。那些挑着盐袋的挑夫,都拄着木拐行走。"应子贤说,有些挑夫遇到前不着村后不着店的情况时,或者为了节省住宿费,就在古道旁的凉亭里休息。凌晨时分,他们会用自带的水壶灌满免费供应的茶水,然后收拾好盐袋早早赶往各地。

古道上,似乎可以看到一个个挑盐夫从旁边走过,他们穿着粗布衣服,脖子上挂着汗巾,腰上别着水壶。那担子的某一头,或许还放着从家里带的大饼或者别的充饥食物。他们手中的木拐敲在石子上,木拐上包着的铁皮与石子撞击发出的声音此起彼伏。走得累了,就小心地把盐担放下,拿下水壶喝几口水,与往来的行人打个招呼,攀谈几句,说说最近盐的行情,聊聊一路上的奇闻趣事,又各自为着生计赶路离开。

应子贤生于20世纪50年代初。他十多岁时,姐姐去新楼教书时还从这个古道上往来。那时由于交通条件的改善,古道上已不见来往的挑盐夫,但从古道上过的担柴的、卖黄柿的农民还很多。

# 七乡贤的五百年谋划

明嘉靖二十九年（1550），应典（字天彝）入祀乡贤祠。

明万历年间（1573—1620），应廷育（字仁卿）入祀乡贤祠。

清雍正元年（1723），应昙（字仕濂）入祀乡贤祠。

清雍正二年（1724），应杰（字尚道）、应奎（字天启）入祀乡贤祠。

清嘉庆十五年（1810），应棼（字尚端）、应勋（字天成）入祀乡贤祠。

在芝英的历史上，有七位应氏子孙入祀乡贤祠，受人敬仰、祭拜。

明清时期，乡贤祠祭祀盛行。入祀乡贤祠有严格的条件和程序，必须经乡里公举，由县和省各级官员批示。非德行称著者不得入祀，非年久定论者不得入祀。之所以如此重视乡贤祠祭祀，是为了让百姓见贤思齐，以乡贤为榜样。

乡贤祠所祀人物都是地方上的精英。乡贤的祭祀，不仅促进了精神文明的进步，而且推动了物质文明的发展。乡贤是居官为民、居乡利民崇高精神的反映，他们的榜样作用有效维系了社会道德风尚，整合了社会规范，并且对中华民族精神的形成与塑造有着不可忽视的作用。他们的高贵品质与高尚风范被后世继承和发扬,至今仍闪烁着耀眼的光芒。

## 一族七乡贤

芝英应氏子孙中七人入祀乡贤祠,从一个侧面反映了当时芝英在物质和精神文明方面取得的成就,有着深厚的居官为民、居乡利民的崇高精神和文化传承。

有意思的是,芝英这七位乡贤同属一个家族。应昙是应杰、应枌的祖父,是应奎、应勋、应典的曾祖父,是应廷育的高祖父。

最早入乡贤祠的是应典,最迟入乡贤祠的是应枌和应勋。入乡贤祠的早晚,与当时的政治形势和个人的生平有关。然而,就芝英应氏家族而言,七位乡贤的故事就是一部应氏家族的奋斗史和振兴史。七位乡贤的故事彼此承接,紧紧相连,环环相扣,一一呼应,组成了一个家族一步步走向兴盛的历程。

应昙,字仕濂,生于明洪武二十四年(1391),年轻时就"补邑庠弟子员",后来放弃科举,从事实业。他凭借芝英便利的交通、优越的商贸环境从事商贸经营,没几年就成为富甲一方的殷实大户。为了带动芝英经济发展和乡民致富,他还划出土地来创办市场,不久商贩云集,集市延续至今。他的学识、见解在当时名气很大,往往县里有什么事,都要找他商量后再做决定。

明正统十四年(1449),永康县学文庙被毁,知县孙礼召集士绅商议重建县学。在大家都在商议如何筹集资金重建县学时,应昙掷地有声地说:"由我来独资修建吧。"于是,应昙招募能工巧匠,购买材料,亲自督造。一年内,县学明伦堂落成,永康学子又有了上学的地方。

应杰,字尚道,生于明宣德八年(1433),人称"孝友翁"。应尚道平生雅志好古,崇尚儒术,颇有祖上之风,年轻时就帮助祖父应仕濂出资出力重建县学明伦堂。因为父辈早逝,他二十七岁听从祖父"必大吾宗"的遗嘱,接过祖父肩上的重担,执掌大家族的家政。

长兄如父,应尚道按祖父的遗志哺育六位堂兄弟(都是孤儿)从幼童到成年。他遍访名师,礼聘名德宿学台州陈世良先生教授家塾子弟。每有空闲,他就来到家塾,监督课读,夜听诵书,常至半夜后归寝。

后来,七兄弟大多事业有成。当年祖父应仕濂以富称著于乡,而兄弟七人的产业比祖父更大。当年祖父乐善好施,一诺千金,所建县学明伦堂远近闻名,兄弟几个也施善无数,尚端修县学大成殿,尚德建布政分署,尚道修建明伦堂、重建梁风桥⋯⋯他们承继祖志,轻财重义,行善的范围和规模都远远超过祖父。

几十年后,应尚道的儿子应奎,侄儿应恩、应照连中举人,侄儿应典、侄孙应廷育登进士第,一门三举人两进士,成为美谈。特别是应尚道下一辈"恭"字辈人才济济,出了十八个秀才,史称"十八恭"。

应奎,字天启,明成化二年(1466)生,应尚道长子。其书房因临方塘阁藏书,取名"方塘书阁",自号方塘居士,刚果耿直,酷似其父。儿时,父亲应尚道抱应奎于膝前口授《孝经》《论语》,待其成人后,又请名师教授。应奎曾任和州、武昌、广信等地教职,以教人成才达德为任。他任教职九年间,声绩遍三州。后来应奎辞官归故乡,以理家政、修宗谱、葺始祖墓、建大宗祠为己任。

应枌,字尚端,明景泰元年(1450)生,应仕濂是他的祖父,应尚道是他的堂兄,应勋、应典是他的儿子。他九岁丧父,十五岁丧母。堂兄弟七人都由堂兄应尚道抚育成才。应尚端宅心仁厚、稳重朴实，从小就能体会长兄严以治家的苦心，恭敬受教，一丝不苟。他和弟弟应尚才同心协力，分任家事，勤俭持家。二人又农又商，以勤生财，用俭聚宝。不出几年，他俩的财富就超过祖父，因而成为乡里首富。

应尚端立身端正，对儿子也很严格。他根据四个儿子的资质禀赋，或从农商或从学，各执所业，他像尚道教育他们那样教育儿子，聘请名师施教，以养身为本、养正为功，要求儿子立身必正。他虽富甲一方，但规定儿子每天只能吃蔬菜，偶尔有肉，也切成小块分给他们，不准放任口欲。衣服传着穿，补着穿，未成年不许穿丝帛，不许上桌吃饭。规定近乎苛刻，但俭朴的生活可以涵养清廉的品性。应尚端五十三岁去世时，两个儿子已立业致富，小儿子应典已中举为官。

应尚端继承祖父应仕濂的传统，慷慨捐助，特别是对文教设施的捐建更是尽心尽力。金华府构建试院，他出资赞助。县学宫大成殿倒塌，因重建所需资金巨大，当时金都副御史洪远想而不能，嘱咐县令张凤鸣在全县寻访可以胜任此事的人。应尚端知道后说："吾祖仕濂公曾重建明伦堂，吾兄尚德建布政分署，皆输财以助，况庙祀尤重，成前人之美，不亦乐乎！"应尚端慷慨承建县学宫大成殿，还在原址的基础上拓宽两丈多，栋梁增丈余，规划宏整，赫然伟观，费银几千两。他也因劳累过度得病去世，其未完之事由长子应天成继续。

应勖，字天成，明成化七年（1471）生，是应尚端的长子，应典的长兄。他为人质朴、恭谨，终日若有所思，胸怀坦荡。第一次见岳父时，其他女婿都盛装华服，唯独他穿一件布衣怡然自若。父亲教子极严,应勋身为长子,是弟弟们的榜样。

父亲去世后,应勋主持家政,凡事多持大体,不失纲常。他教育子侄也如应尚端一样严格约束自己,不准他们随便在市里游逛,以免惹是生非,防患于未然。应天成孝友齐家,家风肃然,家政井然,很有名门望族的风范。

应勋一心治家致富,他承继先辈农商相继之道,带领家人兢兢业业,又农又商,日积月累,兄弟三人都称富于县。

应勋勤俭致富,厚义薄利,慷慨乐助如父亲、祖父。父亲建大成殿花费几千两,未竣而逝,由他继续完成。他在父亲的基础上,捐修了县学师生号舍。兄长应天启倡议创建大宗祠以合族,他积极捐资响应。他独建“立享堂”七间,后尚书黄久庵改名“徵德”,兵部侍郎王麓泉有《徵德堂记》,载入县志艺文。此外,他还独建游仙桥等。

应廷育(1497—1578),字仁卿,号晋庵,是应典的侄儿。五岁时,他就随伯兄入家塾,行立坐卧,书不离手。少时就沉静方毅,持重有主见。虽出身富家,但不染纨绔之气,出入都徒步,粗衣粗食,不尚奢华,终日孜孜苦读。他与程文德、王麓泉、应桃溪并称“永康四先生”。

应廷育二十六岁中举人,二十七岁登进士,名满天下。他曾三入刑部。后辞官著书,著作无数,社会影响很大,著有入编《四库全书》的《金华先民传》。应廷育少时就常问学于应典,在嘉靖九年任职南京刑曹主事时曾向黄绾求教“慎独”“致良知”的道理,并与程文德交好,两人常一起讨论学问。他是“永康王门”的重要人物。

应典前文有述,不再重复。

# 家族兴盛的密码

这个家族明清时期的乡贤故事光耀古今,其子孙的精彩故事更是源远流长、绵延不绝。如今,这个家族中的无数人成为国家栋梁、社会精英、行业状元。

芝英历史文化研究会负责人、芝英中学老校长应业修认为,芝英的宝贵之处在于历史上特别尊师重教,在于蕴含的精神品格与利人利家利社会利国家的家国情怀,在于有一批忠国爱民、功绩卓著的高官名儒,在于有强大的祠堂公益慈善机构和制度,在于它是农耕文明时代小镇模式社会的遗产地,既是士农工商医共同繁荣的得福之地,又是行业特色突出的百工之乡……七位乡贤的故事是一个强大的磁场,即使已成为历史,依然以强大的文化力量影响着他们的子孙。

从应仕濂到应廷育的百余年时间里,一个家族从平凡走向兴盛。这并非一人之功,也不是一代人之力,而是五代人朝着一个方向共同努力的结果。从他们的故事中,可以总结出一些经验:一是请名师教育子孙;二是订立家规;三是勤俭持家,经商致富;四是帮扶亲友乡邻;五是好义积善;六是诗书品德传家;七是兴盛家族的理念一代传一代,并在此基础上发扬光大;八是祖孙、父子、兄弟之间相互帮扶,关系笃厚,而不是兄弟反目、窝里斗……

# 一族之兴奠基人

  五百多年前的一个深夜,芝英一名叫应尚道的中年男子背着手在家塾的窗下踽踽独行。他听着里面老师的提问、学生(他的子侄们)的作答,脸上或露出笑容或若有所思。他心里一直萦绕着祖父应仕濂留给他的一句话:"汝器识宏远,必大吾宗。"这是他的日思夜想,也是他的使命。

  正是五百多年前应尚道办家塾、兴实业、建祠堂、立家规等的一系列举措,一定程度上奠定了芝英应氏家族的发展基础。他是旧时芝英应氏家族振兴繁荣的谋划者和奠基人。

## 继祖父之志

  应杰,字尚道,宗谱里对他是这样记载的:"崇礼教,重伦纪,为人忠厚诚恳,朴质笃实。孝顺父母,友让兄弟,深得乡邻及族人尊敬。见面不呼其名,而称为'孝友翁'。"

  应尚道从小在祖父应仕濂身边长大,耳濡目染祖父实业兴家、孝敬父母、友爱兄弟、兼济他人的言行。明正统十四年(1449),应尚道十六岁时,五十八岁的祖父做了一件大事,这件事不仅影响了永康,也影响了芝英应氏家族和应尚道的一生。当时,永康县学文庙毁于盗寇之手,永康学子没有了读书之所。县令向各地乡绅求援,希望大家集资重建。应仕濂得知后,请求由他独自承担建造。他招募能工巧匠,出资购材,亲自督造。应尚道在一旁帮衬,看着被毁的县庙焕然一新,永康学子士民奔走相庆。祖父的言行举止感染着应尚道,他在心中,早早种下教育兴族、利人大义的种子。

应尚道二十五岁时,父亲去世(两位叔叔已在此前去世)。

"汝器识宏远,必大吾宗,尚当敬老恤孤,统理家政。予立公堂田业,惟汝是掌,毋怀疑惧,以隳厥志。"二十七岁那年,应尚道接过祖父的担子,担起振兴家族的责任,带着弟弟和堂兄弟,开始了影响应氏家族往后数百年兴盛的、不寻常的人生探索。

## 齐家治大族

应尚道当家后,牢记祖父"敬老恤孤"的遗训。他母亲吕氏是位深明大义之人,应尚道也想方设法让母亲安心。考虑到叔母寡居,各堂兄弟孤弱,他便委托二弟应尚德侍奉母亲,自己迁到祖居料理族事,事无巨细,悉心料理。

应尚道的小叔母对所分到的田产不满意,他就把分给自己的调换给她。祖父为奖励应尚道对家族的贡献,取离家近的肥沃良田十亩给他,他却说:"近利可独享乎?"辞让不受。

二叔生前沉迷饮酒,死时长子尚端年仅九岁,田产几近荒弃。应尚道心急如焚,为之日夜奔忙,走遍田产所在之地,访问当地居民,逐笔登记在册,保住了田产。经过他的精心经营,二叔家收入不断增加,并扩大了住宅。六年后,二叔母过世,此时堂弟尚端十五岁。应尚道予以呵护教导,直到尚端逐渐独立门户,振作门庭。

应尚道虽日夜忙碌,但仍不忘对诸母的问候之礼,爱敬备至,体贴入微,直到诸弟成年,才把奉养的责任交还给他们。他对堂兄弟无亲疏之别,或请名师教之,或求淑女配之,直至其成家立业。应尚道要求他们行为端庄,有过错轻则责备,重则戒尺打之。稍大些,就要他们分担家事,或农或商或读,因人任事,各就其位。因为应尚道长兄如父,做事公正无私,六个弟弟都信服他的教诲。在应尚道的努力下,应氏七兄弟团结和睦、齐心协力,皆事业有成。

## 兴家办家塾

祖父应仕濂早年放弃科举从事实业,凭借芝英交通便利、商贸发达的优越条件,从事商业贸易,把生意做到外地,积累了雄厚的财富,并把所得的财富用于购买土地。这样农商兼营不出几年,应仕濂就成为富甲一方的殷实大户。应尚道是七个孙子中的长孙,应仕濂去外地经商,都会带上他同行,并由他担任会计。随祖父行走各地,应尚道的见识日渐广博,渐渐形成了自己独到的见解。他的会计做得非常出色,财务情况随时与祖父沟通,并提出自己的建议和想法,从没有出现资金匮乏的状况。

对经营家业,应尚道早已成竹在胸。他接过家族担子后,不仅自己的生意做得好,还千方百计带着弟弟们贸易兴家。后来,他们这一代子孙的产业大部分超过了祖父。

应尚道十六岁时,祖父捐巨资独建县学的行为在他心里播下了教育兴族的种子。应尚道深刻体会到,一个家族要长久兴旺,不能只依靠实业,只有教育才是长远发展的根本。经过一段时间的思考,应尚道决定设家塾教育子孙。

应尚道遍访各地名师,最后礼聘名德宿学——台州的陈世良主持家塾教学,要求子孙全部到家塾读书。他自己一有空就到家塾,或与先生探讨教育之方、管理之制,或检查子侄的学习情况,还常在家塾听读到深夜。子侄中有学业长进的，就送到县学读书，拨给租田供他们各种花费，以励志求进，并在家族形成兴学育才的激励机制。

他的子侄没有让他失望。儿子应奎，侄儿应恩、应照连中举人，侄儿应典、侄孙应廷育登进士第。仅应尚道下一辈"恭"字辈就有十八名秀才。此后，芝英应氏家族犹如一匹驰骋的骏马奔向未来。

芝英应氏家族出现了名垂青史的一族四代七乡贤。应氏后人人才辈出：裔孙应康先，清代县丞，以孝义闻于乡邦；裔孙应曙霞，清代秦州直隶州知州，朝议大夫；裔孙应振绪，清代户部主事，中宪大夫，教育家；裔孙应宝时，清代上海道台、江苏按察使兼署布政使，一品荣禄大夫等。

## 立祠定家规

宗祠是家族团结、凝心聚气的场所，往往记录着家族的辉煌与传统，是家族历史和文化的象征与标志。祖父应仕濂生前就立有"公田"若干亩，并对尚道说："我立公堂田业，唯你是掌！"应仕濂所说的"公堂"，就是宗祠。应尚道明白祖父的意图，也领会宗祠的作用。明成化七年（1471），应尚道为实现祖父的遗愿，在祖屋的东面建造了祠堂，并率子孙祭告先祖，这就是现在的"仕濂公祠"，也称"小宗祠堂"，是明代芝英的第一座祠堂。明嘉靖十五年（1536），嘉靖皇帝诏许"民间皆得联宗立庙"。此后，芝英百祠林立，"小宗祠堂"成为芝英应氏家族的百祠之始。

没有规矩不成方圆。在长期的治家实践中，应尚道深知规矩关乎家族的未来。他多次咨询塾师陈世良先生，总结自身的治家经验、感悟，立家规二十条：建祠宇、守封茔、抚群从、事尊长、端心术、慎言语、养童蒙、行冠礼、议婚姻、严内外、谨称谓、崇节俭、治丧葬、时祭飨、贻世业、黜异端、厚宗姻、驭群小、供赋役、殖货产。

家规二十条中的第五条"端心术"写道："夫心者制事之本。一存否之间，而天理之顺逆异焉，子孙善恶所由以分也。凡我长幼必存乃心，以合斯理，务使平恕而不苛刻，光明而不暧昧，正大而不侧小，忠厚而不浮薄，诚实而不虚诈，庶几能顺天理而成贤子孙矣。反是，而恣其血气之偏，极其计谋之巧，以谓人莫己知，而可以无所不至者。孰知冥冥之中，有天临之，昭昭之表，有人见之。欲掩而卒莫能掩，如此则何益矣。不可不以为戒。"

第七条"养童蒙"写道："童蒙以养正为功。人家子弟，年方幼稚，良心犹存，必礼请端重简默、素有教法者，俾司家塾，教之安详谦慎，务以养身之本。其课程随质量授，毋窘迫困顿，使无嗜学之趣。每塾不过十人，日令亲授讲肄，父母不得怜惜纵容嬉戏，以长骄惰。不率教者，父兄督治之，庶内外俱严。幼学长进，若聪秀可习举业者，更隆聘币厚廪饩，以延经明行饬之师，处以间静别室，远去浮薄辈，使得专精术业。俟他日文理颇通，始遣入黉校。诸贽馈仪节，出自公堂。人给田二十亩以赡之，出仕乃止。父兄不得以科目利钝呕责之，俾成材不失素养而已。其有酗酒黩货、辜负作养者，会众劝诫。不悛，没其田以示罚焉。其有勤学励行、志趣不凡者，则崇奖作成之。"

这二十条家规涵盖了处世的方方面面。毫无疑问，这是以应尚道和他的祖父为代表的一批应氏先人的行为规范和人生感悟，是他们治家的经验总结。应尚道把这些内容浓缩在二十条家规中,要求子孙后代遵守。清光绪十五年(1889),应宝时在《己丑续修宗谱跋》中写道:"惟岁时间里祭扫,见余先世坟墓之葱郁,祠庙之巍峨,风尚之雍睦,科第之延绵。人皆乐耕读而不忍去,其乡所以丁口繁衍,亦以余芝英里为最,而非别宗所能及也。然余宗之所以盛者,非富贵利达,代不乏人。而足为世光宠也,盖吾祖自孝友公立家规后,至今几四五百载,子孙虽不能尺寸不渝,然大都不敢侈然自肆于礼法之外。"

## 应尚道故居

如今,应氏后人对位于芝英八村的应尚道故居进行了修缮。这座建自应尚道父亲思文公之手的建筑占地四百二十六平方米,为明代风格四合院,两层楼十八间,有楼上厅。檐口为重檐结构,四六磨砖砌墙,踢脚线有砖花雕。应尚道故居已有五百余年历史,见证了应氏家族的兴盛。

应尚道故居原来由应氏后人应益锋、应广宏、应金荣、应挺、应伟东、应彩纹、应灵杰七户裔孙居住,因年久失修,破败不堪,部分已倒塌。在芝英八村党支部书记应立标的倡议与推动下,由应益锋牵头协商,七户裔孙筹集资金一百二十多万元进行修缮,历时三个多月竣工。

走进修缮后的应尚道故居,应尚道的"孝友"赫然在目,这是应尚道一生以"孝友"治家、益思奋进、鞭策激励自己的牌匾。先人设立的家塾恢复了原来的样子,站立其间,似乎学子的读书声就在耳畔,应尚道的身影仍在其间。在这里读书的还有应氏家族的一代代子孙,他们一起创造了芝英富联第宅、士累科名、仕隐耕读、工技竭作的繁荣景象。

# 城隍故里

　　谢氏，是永康城西历史上的望族。在七百多年的时间里，一部
关于勤奋、进取、侠义的传奇在上谢、下谢、油草塘、前新屋、下山、
双门六个村庄的谢氏子孙中代代相传。

## 六村一脉

　　南宋乾道二年（1166）前后，唐朝殿前防御使谢琼第十五代孙
宋朝议郎谢方禹，从临安到永康任职，在永康西北隅得地建房，子
孙从此移居永康，为永康谢姓第一支祖。

　　元大德二年（1298），方禹公的侄儿景亮公的子孙谢良开在二
十岁时不堪当地元势力的统治，毅然出走，先赴缙云，后到永康寻
访方禹公后裔谢灼，随后在永康桐琴（当时桐琴属于永康）一江心
屿落脚谋生，后又因水患迁居谢村居住，成为永康第二支祖，就是
现在永康城西的"六谢之祖"。

　　元至大三年（1310）前后，良开公的儿子原善、原远、原厚相继
出生，数十年后，景钟、景铭、景和、景泰各孙长大成人，谢族日渐兴
旺繁茂。

　　上谢村东有卧虎把守，南有金宝岭御村，西为广阔的田野，一
条溪流穿田野而过。该村建村已有七百多年历史，现居住有五百

二十多人。上谢村传承祖先之志,崇尚读书,追求知识,在清宣统二年(1910)就将原私塾改为小学堂,培养了大批人才。

明宣德年间,良开公等创业于下谢村,成为下谢之祖。下谢村位于永康和武义两县交界处,东临公鹅头和华山,南毗华溪,与桐琴隔水相望,村前沃野平川。建村已有七百多年历史,现居住有八百余人。下谢村有着良好的耕作环境,历代村民在务农之余,到武义的清溪坑、佐溪、双坑,以及仙居等地挑木炭、石灰、私盐、草纸等赚苦力。在改革开放的大时代,涌现了谢林新、谢志明、谢文雄、谢明丰等一批商人和企业家。

公元1465年至1487年间,原远第二十四世孙文奎公于蜈蚣山前建宅创业,逐渐发展成为油草塘村。油草塘村地形独特,形如燕子窝,村前有一口大水塘,塘边油草丰沛,故取村名为油草塘村。油草塘村建村已有五百多年的历史。如今的油草塘周围人烟稠密,东邻溪湾村,南有大华山、蛤蟆山,与范宅、双门相望,交通发达,是一个有着四百五十多人口、充满生机的村庄。

前新屋村原属下谢四房,为管理田产方便,先祖在下谢村前泷泉畈建宅,故名前新屋村。建村至今已有四百六十多年的历史。前新屋村坐落在永康江畔,与武义桐琴隔江相望,土地平坦肥沃。先民们在此辛勤耕作,艰苦创业,垦田地建家园。先后建造了大厅、小厅、香火轩间、太师楼等。现有人口三百二十余人,子孙中不乏清华大学、北京大学学子。

原远后裔文涛公在华山南建宅,发展下山村,现有人口三百二十余人。下山村继承先祖传统,重视文化,子孙中不乏政府工作人员和改革开放大潮中的弄潮儿。

清雍正十一年(1733),下山村长房后裔邦运公在华山南创业建宅而居,在此繁衍生息,发展成双门村。现有谢氏后人一百五十多人。双门村虽然不大,但谢氏先人敢为人先的精神影响着后人,在改革开放的大时代,许多村民在经商、办企业中大显身手。

六个村庄的谢氏子孙勤劳俭朴、不畏辛劳,都用各自的方式过着热火朝天的生活。

平常的日子,他们各自创造。如下谢村土地贫瘠,为了生计,男人大都出门挑木炭、担食盐,有民谣说:"下谢自古穷地方,十年就有九年荒,三十六垦九步稻,半年糠菜半年粮。"下谢村女人们也千方百计地为家庭分忧,于是,就有了"豆腐担挑豆腐香,做豆腐来养猪娘;烘豆腐干浇千张,六谢邻村叫卖忙"的山歌。女人们鸡叫起身,磨豆腐,烧豆浆,做成豆腐、豆腐干、千张等豆产品,天未亮就挑着豆腐担到李店、桐琴、六谢邻村叫卖。豆腐质量好,大都上午就能卖完。吃过中饭,女人们又去山上砍柴。晚上她们在昏暗的烛光或煤油灯下,择豆、洗豆、浸豆,准备第二天的豆腐生意。日复一日,年复一年,从豆腐西施慢慢变成了豆腐娘娘。下谢村豆腐产业最兴盛时有三十多户。

如果碰上特殊的事情,六个村又会携起手来共渡难关。如大旱时,谢氏各村集体"踏大溪车"。六村合力从大溪把水抽上来,通过一级级翻水车将水送上农田,灌溉水稻。四龙头大水车开踏,四个精壮后生脚踏车磊头,双手抵住车架上档,低头奋力。如果人稍不用力,大水车就会"叽叽"叫起来,水车转速一慢,抽上的水就明显变少,这是团队精神的写照。

## 三面"皇城"

说城西的谢氏,不能不说下谢村谢忱。谢忱,字惟寿,号静斋

（1378—1445），天资聪颖，但家境贫寒。谢忱不仅得到叔公谢景铭的资助，而且叔公鼓励他树立远大抱负。谢忱于明永乐十一年（1413）考取进士，授河南监察御史，官至四川提刑按察司御史。谢忱为官清正，刚正不阿，屡受封敕表彰。明永乐十五年（1417），皇帝朱棣敕命文华殿大学士，赠金紫光禄大夫；明崇祯五年钦赐匾额"柱国秉纲"。谢忱死后，皇帝朱厚聪命谥赠谢忱为显佑伯，封永邑"永远城隍"，受万民敬仰。

资助谢忱的谢景铭胸怀广阔，为人慷慨仗义，广结善缘，三十六岁就闯荡南京经商，是当时金华著名的富商。

话说新科进士谢忱被任命为监察御史，正值山东水患，谢忱随太子前往巡察。在巡察期间，皇帝朱棣接到告急率军北征，命太子回京监国，让谢忱肩负巡察使命。谢忱巡察了山东灾情之后，认为不仅要免春赋，还要马上赈济，并回京奏报太子。然而，当时正值国家北征，粮食吃紧，最好的办法就是从南方浙江等地调粮救济。

谢景铭当时在北京顺天府大兴县有盐行，在永康等地有成片田产。他得知朝廷要从浙江调粮救济山东灾民，在心里估算了自己的能力后，向户部申报愿捐粮一万石，此举于朝廷而言无疑是雪中送炭。谢景铭又即刻出发回永康与兄弟们商议具体事宜，并在第一时间筹粮运送。当时交通不便，数量巨大的粮船从永康起航，打算过富春江经大运河开往山东，然而，船队到富春江时，老天不作美，洪水暴涨，粮船受阻，粮食受潮。在严州苦等了半个月后，只能将好的粮食寄存在严州，把霉变的粮食倒入江中，谢景铭回永康商议再次筹粮。凑足八千石粮食后再次运送，可是天不遂人愿，在严州重遇洪水，粮食再次受潮霉变。

谢景铭忧心如焚,赈济粮若不能如期运达,自己将难以向朝廷交代,也难解山东灾民之饥,并有可能因此罪及家族之人。于是,他又返回永康再商议,决定改为卖掉田产助银进京,并请永康韩县令出具文书为证。他卖掉了缙云壶镇畈、黄渡桥畈、竹项畈等地大片良田,得白银三万余两,加上北京大兴县盐行收入白银三万两,共计白银六万两送交户部,终于完成助粮赈济承诺。

谢忱完成山东巡察回京复命时,得知叔公谢景铭捐粮的义举,不胜感激,赶赴大兴县看望叔公。谢景铭对谢忱说:"我助粮不为做官,一为赈灾助一臂之力;二为谢氏六村围筑村城,防虎狼进村伤人畜,而筑城按明朝规定需皇帝校准;三是为谢氏增光。"

谢忱奏报朝廷太子时,随带叔公进宫,并大胆举荐了他。太子十分欣赏谢景铭助粮的义举,并询问有什么要求。谢忱代叔公回奏太子,求恩准在家乡永康谢氏村庄筑村城防虎狼伤人畜,太子准奏。

从此,谢村就有了挡虎狼的三面土城。后人称土城为"皇城",现在该城墙已毁于历史洪流之中。然而,先人捐粮两损三筹的诚信、为民筹粮的侠义故事却在这片土地上久久流传。

## 老建筑群

上谢花厅的格局和精美让人赞叹。据说这座花厅是明朝年间由谢景钟、谢景铭等领头建造,坐落于上谢村中心,坐东朝西、规模宏伟。整个建筑群五进三天井,厅前有大名堂,是闹花灯、搭戏台之地。大名堂前有水塘。

前厅为演武厅,是祭天地、办红白喜事之场所。中楹挂有赞大继公的"东山遗风"匾额,此匾为永康知县徐同伦拜赠,清康熙十八年由湖广黄陂进士、时任永康知县的谢从云重提,原匾已毁于"文化大革命",现为1992年县书法家协会理事姚庭书写。厅分三楹,雕栏画栋,十分精致。

前厅与中厅有超长石槛分隔,中厅两边是左右对称的天井,左右又各有走廊通过厢房。中厅再进为香火轩间。前厅、中厅、香火轩间的地面,均用砂石、白灰、卤水拌和后拍打而成,经六百多年沧桑,仍然保持金黄色。

出轩间进天井,左右两边用砖、木栅栏与厢房相隔。过天井进后堂,称"宝树堂"。宝树堂为三楹,原设私塾学堂,也是族长家长聚会之地。厅堂两侧各建厢房十一间,厅堂与厢房与走廊相通,是一条悠长的走廊。上谢花厅虽然经过多次修缮,但基本保持原有的规模和风格。这是"六谢"各村目前为止最古老的建筑。

走在其间,似乎看到先人们一次次为了谢氏家族发展群策群力,召开会议。其中,应该就有族人为谢忱高中进士而感到喜悦与激动的情景,有谢景铭当年与族人商量捐粮万石的情景……一次次的聚会,谢氏子孙展现着他们的风采与才华,谢氏家族一步步走向繁荣。

在谢氏六个村庄中,还留有很多老建筑,这是谢氏子孙集体智慧的结晶。

柱国谢氏宗祠,初建于清康熙四十七年(1708),坐落于下谢村,经岁月风雨、大火,几次修缮。数百年来一直是谢氏子孙心中的圣地。

上谢宁二公祠,俗称贤公祠堂,是良开公长子原善孙子的家堂,建于清乾隆六十年(1795),在上谢村金宝峰右首,三进二天井,砖木结构,原有"叙伦""贡元""如在"等多块匾额。

上谢勤祠,俗称岳常祠堂,祀和十五文正公,暨勤房家堂。初建于清光绪年间,因故停建。民国初年由"富"行二百十一公遗孀泮氏安人赞助后建成。

下谢小厅,传说建于元大德年间,是下谢村最早的建筑,建筑规模仅为正房三间,西边房一间,东侧为楼梯,二层结构。马腿雕栏,古风犹存。

下谢大厅,建于明成化年间,由文韶公所建,坐北朝南,地处下谢村中心,土木结构,五进相连,气势恢宏。

下谢和三公祠,为仁义礼智四房共建,于民国三十至三十二年间(1941—1943)建成,建筑面积七百六十平方米,为三进建筑。一进排五间,中为门厅,进门厅为宇台,台顶雕梁画栋。二进为排五正厅,左右各有厢房三间。

下谢十一间头,民居,约建于清中叶,土木结构,进照墙大门即为宽敞天井,天井东西两侧各有边房三间,过天井即为轩间与东西大房、厢房共五间,均为楼房,照墙大门外设有旗杆石,立旗杆。疑为功名显赫人家所建,然无传记。

## 七百年传唱

写下"城隍故宫"几个大字的谢氏后人谢呈祥,自幼酷爱艺术,毕业于解放军艺术学院,擅长中国工笔花鸟和人物,尤工老虎及仕女。自1986年《花卉》获空十军美术展览一等奖以来,相继有众多作品在国内外获奖并发表,受到美术界一致好评,不少作品被国内外各级博物馆收藏。

"站在列祖列宗的灵位前,每每都会警示自己,怎样才能有益于他人，我做不了轰轰烈烈的大事，我想用我的绘画传承一些东西，尽可能地延续生命精神的长度。"谢呈祥看似不经意的话语，让我们似乎看到了谢氏先人的样子，看到了七百多年传唱不息的先人之风。

谢忱利国利民的清正大义，谢景铭捐粮万石的侠义之举，无数子孙保家卫国投身战场的义无反顾……谢氏子孙一边在生活中创造着繁华，一边用自己的方式益于他人。

# 舟山印记

　　宁静的舟山古镇，没有发生过影响历史的事件，也没有养育过影响历史的人物，不足以走进中国历史的视界；也没有足够的地理或文化规模，可以作为一个景区或独立文化现象引起世人的关注。它只是静静地偏安浙中一隅，揉历史的旋涡卷涌为生活的湖水，化日月星辰为双眼的柔光，接岁月风雨为生存的智慧，最终浓缩为一个时代的标本，自成一道风景。

## "名儒"门楼

　　走在舟山青石铺就的古街道上，宛如走在江南的水墨画里，又如听着一首悠远的曲子。青砖黛瓦、雕栏镂窗、老街幽巷……婉转留白，余声袅袅。错落的宗祠、民居、店铺、古井、骑街楼，有序地闯进你的视野，让你不得不惊讶于这些古建筑的考究与精巧，以及古建筑群的星罗棋布。门楼"名儒"、中西合璧的黄印若公祠、内秀如繁花的黄传灌三层木结构小楼、气势恢宏的"奉直第"、中国书画与建筑交相辉映的黄传鼎九间头、骑街楼……这些建筑是不能不看的，因为看着它们，就如同翻阅一部清末民初的地方史。

　　一缕缕阳光翻进古院子的窗户，窗户里飘出琅琅的读书声……

其中，有一位叫黄卷的青年，满腹诗书，神采翩翩。二十岁中举人，二十七岁进士及第。"春色映袍分御柳，酡颜生脸衬宫花"，正如他自己留下的诗句，少时得志，鲜衣怒马，风华正浓。

黄卷入朝为官后，官至河南监察御史。他曾奉旨监造卢沟桥，解决天津长芦盐场工人子弟入学难题，帮助难民重建家园。他劝农耕织，减免赋税，开办学校，鼓励渔民捕鱼。黄卷还曾为太子老师，在皇帝有废嫡立庶之意时，据理力辩，语震庙堂，但也因此被放归故里。

此后，他在家乡碧萝古松下讲学三十七年，终日与松竹溪水为伴，拈花赏云，有许多诗词文章传世。黄卷的才华风采、济世情怀如残垣断壁和门楼上的"名儒"两字，经岁月风云仍傲立人间。

## 老祠堂中西合璧

在舟山古镇的琅琅读书声中，有一位少年发出了不同的声音：整天在书堆里讨生活，即使博得一官半职，也不过夸耀乡里，否则潦倒一生，成为书虫。这位少年叫黄印若，豪爽洒脱，独树一帜，他放弃举子学业，转而寻求用世之道。

清同治二年（1863），太平军侵扰浙东，在各地劫掠财物。黄印若指挥若定，率领舟山的青壮年担任先锋，在舟山附近的村庄李溪阻击太平军，太平军溃败。不仅如此，黄印若曾三进三出被太平军控制的村庄救出父亲，也曾携重金只身入敌营救弟弟。我们似乎看到一个个在电影里经常出现的场景：一个年轻人没有经过专业训练，却如大将指挥若定；在夜里，有胆有谋的黑影悄悄潜进村庄，单骑只身营救……

黄印若有一个孙子叫黄传韬，继承了他的经世衣钵。现存中西合璧的黄印若公祠就是由黄传韬所建。黄印若公祠建于1907年，是一座四合院式建筑。正大门是西洋建筑风格的石门，走进院子，柱子、墙面是少见的西洋样式，抬头又是精致的中国古式斗拱，人物、鸟兽、山水，栩栩如生；浮雕、镂空雕，无不展现出匠人的精湛技艺，昭示着主人特殊的身份。现如今，黄印若公祠已成为舟山古镇最具代表性的建筑之一。从中，我们可以触摸到建设者对中西文化融合的探索和实践。

黄传韬是当时的永康首富，以经营火腿等生意起家，后又购置田地，并以滚雪球的方式越滚越大。村里一眼望去都是他的田地，村民称其为"十里红"。此外，附近的大路任村的成片田庄，也是黄传韬的财产。黄印若公祠内有一个著名的"全门仓"，谷仓不仅大，而且深。打开二楼的谷仓门，稻谷不断从二楼"哗啦啦"倒进去，好像一个无底洞。

黄传韬的大女儿黄淑斋，嫁到永康芝英当时地位显赫的应祖锡家。出嫁时，抬嫁妆的队伍足有十里长。应祖锡曾是中国驻西班牙使馆的二等参赞，常驻西班牙，还走访过法国、葡萄牙等许多国家，接受了西方文化的熏陶，构建了中西结合的美学体系。黄传韬与应祖锡是亲家，在日常的交往中自然接受了西方文化的熏陶，对西方文化充满了向往，因此也就有了中西合璧的黄印若公祠。

繁华如烟云散去。

到了1949年，黄传韬的儿子黄洵杰让管家变卖了大路任村的四千亩田地，换成黄金，离开了故土。1999年前后，黄洵杰的儿子黄庆南到舟山寻根，走在祖辈们曾显赫一时的土地上，不知他有怎样的感想。

## 神秘战场

舟山古镇的富豪，远不止黄传韬一人，而有五十六人之多，遥想舟山古镇曾经是怎样的富庶与繁荣。舟山古镇上百幢古宅院，就有着上百个故事。徜徉其间，沉浸在一处处美景之中，稍一留心，就会发现调子不一致的景象：骑街楼、古建筑内的枪洞、瞭望口……

福祸相依，舟山的富庶与繁荣，也给这个古镇带来了灾难。舟山曾经沦为匪徒的钱仓和粮仓，一次次被土匪洗劫，房屋被毁、钱财被劫、孩子被掠……悲剧一次又一次发生，村民遭遇一次又一次恐慌。然而，慌乱之后生理性，沉痛之后生大勇。这里的乡绅几经商量，开始建立防御工事。百余年间，一代代乡绅一次次修建、完善了这个贯通全村的防御工事体系，与劫匪展开了长达百年的家园保卫战。

在舟山二村，如果有心，你会发现这村中的大部分房子都是互相连通的，并且一直通到村外山脚下。探探楼下的水路，竟也四通八达。所有的水路都通往环绕村庄的舟山溪。而骑街楼上、一楼弄堂口及各个要隘，都有瞭望台和枪口。一旦有匪情，村民便带着财物立即隐匿起来，而训练有素的青壮年则与劫匪展开一次次战斗。

在这些古建筑之间，充斥着多少故事，在枪炮声中，又夹杂着多少世事……深长的记忆萦绕在悠长的小巷里，回荡在青石板和古石条上，镶嵌在古建筑的石雕、砖雕、木雕内，点缀在窗花、墙绘上，映衬在门窗的方格纹、冰裂纹、回形纹和几何图形中……

## 旷野岩宕

在古镇不远处，许多在山野中兀立的岩面群被当地人称为"岩宕"。永康市舟山镇台门村《台门村史》记载："白岩山之石凝灰岩也，成于一点五亿年前，色白质朴，易割易采，见风即硬。""六百年来，台门石匠日出而作，日落磨凿，取石生金。"取石之后的岩面体，或巨幅岩面立于旷野，或聚水成池于岩面之下，经岁月风雨千锤百炼，壁立千仞，石水相映，形成了现在独特的纹理图案。舟山岩宕，正如一部部书、一幅幅画、一个个老者……述说着千年的沧桑。

很难表达在舟山岩宕看到的景象，似乎无论怎么表达都不准确，也不客观。它像一面镜子，照出观看者的内心世界。你的欢喜、沧桑、躁动、平和……都可以在其中找到相应的图案和符号，你的爱好、向往、执着都在岩宕前一一映照。岩面之前站立的人不同，呈现的内容也就不一样。它如一本天书，也像一个隐喻，观者看到的，其实都是观者自己。

倘若要寻找条石的踪迹，你还可以到附近的台门村走走，这里的房子几乎都由石头筑成，方的、长的、菱形的、不规则的……代表着不同时期的采石工艺和石头产品。这是一个村庄，也是舟山岩宕取石历史的博物馆。自明代洪武年间到20世纪八九十年代的六百多年时间里，这个村庄几乎家家户户都有石匠，他们一边取石换金，一边用石头建造自己的家园。

静静地立于巨幅的岩面体前，会陡然升起茫茫浩瀚之中的渺小与孤寂感，仿佛听到叮叮当当的凿击声响彻整个旷野。这岩宕开凿的体积，应该就是走向千家万户的条石、石雕的总数。这些条石垒砌起了多少房屋，石雕走进了多少城市、企业、学校，已经很难统计。它是一条河流，流淌千年、温暖千年、濡养千年……浩瀚与微笑、坚硬与温情，在这里紧紧交融。

倘若还要寻找历史在舟山留下的痕迹，那悬崖下的古寺，还遗留着千余年前的岁月履痕。

被称为"江南悬空寺"的圣岩寺，始建于南朝梁武帝大通年间，香火兴盛一时。寺前的摩崖石刻为清朝道光年间重建时所镌刻，石刻上有当时永康县丞吴廷康所书"圣岩寺""天栈云横"篆隶，字大如斗。

圣岩寺、摩崖石刻在风雨的侵蚀下逐渐漫漶，但舟山"方山柿"的历史，却像一个个灯笼，掩映着一处处古民居，在秋冬时节点亮了田野，延续了千余年。

永康有"中国方山柿之乡"的美称，凭借得天独厚的土壤和气候条件，与永康的"大水缸"杨溪水库、生态湿地毗邻，这里种出的柿子色泽鲜艳，果浆丰满甘醇，软而无渣，少核或无核，甚至可以用吸管吸着吃。至于它的味道，南宋著名思想家、文学家陈亮在近千年前就说过："尝方山柿，其味如兰。"

# 走 西 口

"白窖如天,上下半年。"《永康地景赋》中这样描述白窖岭。白窖岭究竟是一个怎样的巍峨之地,爬一个来回要半年之久？其实,白窖岭尽管巍峨,也并没有高耸入天,只因为这里曾是永康五金手艺人出门的必经之地,他们在白窖岭一上一下,从家乡一出一进,正需要半年之久。这八个字在永康大地上已传唱了千百年,因为白窖岭上有亲人的期盼,有游子的思念,联结了千家万户的灯火。

如今,白窖岭已成通途。白窖古道在历经岁月风雨之后,仍然断断续续保留着原来的路径,白窖岭的故事也从未被人们忘记。

## 走四方

白窖岭是永康五金匠人的"西口",走白窖岭,就意味着走一条做手艺走江湖的漂泊之路。古往今来,不知有多少永康五金手艺人翻过这条岭去,走向江湖,历雪经霜、风餐露宿,又翻回这条岭来,带回生计和希望。

象珠镇雅吕村就在白窖岭附近,该村村民叶香彩深刻地记得,在她五十四年前嫁到雅吕村时,就经常听老人们讲述白窖岭的故事。白窖岭可能始于象珠建村时的六百多年前,或在更早的千年之前。她初到雅吕村时,还有手艺人翻越白窖岭前往金华市区,转往全国各地。手艺人来自芝英、古山、方岩、唐先等地。那时候,从象珠前往白窖岭的路上,行人络绎不绝,年初的时候出去的人多,年底的时候回来的人多。这些记忆,现在依然留在白窖岭的古道上,留在古道旁的凉亭里。

在雅吕村附近的那一片田野上,有一座凉亭和一座古桥,以及一段段用石块砌成的路基,如同残破历史长卷的一角夹在田野之中。这座凉亭,曾是行人们歇脚的地方。许多时候凉亭上还会挂几双草鞋,家里穷困买不起鞋穿的路人经过此地,可以取用穿走。据说,这些草鞋都是由附近的财主行善捐助的。凉亭内还经常有人烧水,专供路人饮用、灌补。歇过脚,灌满水,或有缘穿走一双草鞋,便带着一身家乡的温暖走过那座凉亭边的古桥,继续上路。

根据附近村民指引,从雅吕村到象珠镇前桑园村的田野里,还能找到断断续续的古道。虽然许多已被田地蚕食、被荒草侵占,但依然能连接起古道的路径,摸到历史的脉络。遥想当年,这里曾经是怎样的人来人往,或年长或年轻的手艺人,挑着各色各样的手艺家伙担子走在这条路上。他们的行担上,还装着家人精心准备的点心、叮嘱和期望。走在这条道上,脚下还是家乡的土地,翻过白窖岭去,便不是了,一种离别的思绪和闯荡江湖的雄心便在心中缠绕、激荡。

## 前桑园老客栈

象珠镇前桑园村在白窖岭脚下,立于两山之间,溪流穿村而过,民居依山傍水而建。溪旁的道路,原是由鹅卵石铺成的古道,现已修成条石路。然而,路旁的老店铺老客栈依旧保留着当年的样子。老客栈有五六间,为两层木结构楼房,底楼为店铺,二楼为客房,客栈从民国时期开到新中国成立初期。客栈的主人叫陈永利,是前桑园村六十多岁的村民陈双木的小叔公,他从小听着小叔公开客栈的故事长大。到白窖岭下歇脚住宿的人,有前往金华市区转往全国各地的手艺人,也有前往方岩的香客。一路人出去,一路人进来,他们在前桑园村相遇,在古道上相遇。前往方岩进香的人,心里放着虔诚;前往金华市区的人,心里装着闯江湖的雄心。进香的人和出门做手艺的人各自怀着心事,擦肩而过,或是互道问一声好,有缘的喝一碗酒,各自出发。

前桑园村凭借特殊的地理位置,形成了一条商业街道。街道上,不仅有歇客店,还有饮食店。村里七十多岁的老人陈发根回忆,在他小时候,他的母亲还在街上卖过豆腐花,来往行人多的时候,一天能卖两大桶。

## 吴绛雪殉难地

三百多年前,一名年轻美丽的女子在白窖岭脚下告别家乡。

她不仅长得美貌,而且才华不凡,她叫吴绛雪,永康后塘弄村人,自幼聪颖多才,九岁通音律,闻琵琶曲即能随声唱和;十一岁作七绝《题晴湖春泛图》,情景交融;十二岁时以诗入画,设色精绝,书法不同凡响,名噪一时。她尤其擅长画花卉、人物,传世画作有《梅鹊图》《落英》等。不幸的是,她的丈夫徐明英早逝。

清康熙十三年(1674),耿精忠在福建叛乱,派部将徐尚朝进兵浙江。徐尚朝早年曾在丽水为官,与吴绛雪的丈夫徐明英曾为同僚,他一直仰慕绛雪的才华和姿色。此次入浙后,他早早就探知绛雪守寡居住在后塘弄娘家。这年6月,徐尚朝兵到永康,传言"只要献出绛雪,便能免除永康全城屠戮",绛雪得知,同意了徐尚朝的要求。徐尚朝闻讯后下令部属过永康不得杀掠,他自己率军进犯金华,派两名老妇人和数名士兵迎吴绛雪赴金华。

一行人马从后塘弄出发,走走停停来到白窖岭脚下时,吴绛雪停下马,命人取水饮用,趁护送者取水不备,回头深情看了一眼家乡,纵马驰向山崖,坠入山谷而亡。只有二十四岁的一代才女吴绛雪,就这样在乱世中走完了她的一生,在白窖岭下,在家乡的"西口"。好在,她死在家乡的土地上。

后人在白窖岭下吴绛雪殉难的地方建亭立碑纪念,这座碑至今尚在,从未荒芜,即便沧海已成桑田,白窖岭成通途。清道光年间,永康县丞吴廷康撰《桃溪雪》,海盐词曲家黄韵珊编《桃溪雪传奇》。吴绛雪与白窖岭的故事,在她生长的土地上不断传颂。

# 锡雕的千年传承

　　锡,有"绿色金属"的美誉。一块沉重、冰冷的锡金属,在锡匠的手上出神入化,被制作成一件件精美的器具。

　　千余年前,五代十国经历了半个多世纪的纷争,政客、画家、士大夫、贵族、富贾纷纷到江南避祸,一些先进的中原民间手工技艺也随之被带到江南,推动了江浙一带民间技艺的全面发展,而锡雕,就是其中的重要技艺和非物质文化遗产。此后,永康锡雕开始发展,最终自成一派,成为具有南方地域色彩的民间技艺。

　　千百年来,永康锡匠挑着炉子和箱笼,跋山涉水、风餐露宿,在异乡寻找一家人的生计,敲打、雕刻江南各省市人家的嫁妆用品、生活用品、祭祀用品、摆设用品等。不经意间,也记录了江南各地的风俗与生活。

　　永康锡雕技艺传承千年,到新中国成立初期,永康锡匠超过一千四百人,产品种类过百。在最后一批行走江湖的锡匠中,芝英人应远志脱颖而出,成为率先融入现代生活并自主创作的手艺大师。

## 道在器中

　　冬天的午后,永康市芝英镇老市集热闹而祥和,温暖的阳光慵懒地洒满各个角落,市集上不时传来"爆发丁"的"嘭"声。"爆发丁"是一种用大米爆成的米花,也是永康人用来切米糕的原料,这一切都充斥着"年"的气息。芝英镇是永康的第一大镇,早在明清时期就设置了百工贸易区,是各种传统技艺的摇篮。如今的芝英老市集,依然汇聚着许多传统手工技艺,而应远志的锡雕工作室就在老市集的边上。当我走进工作室的时候,应远志正专注于制作一把锡茶壶,一缕阳光照进来,屋子里显得宁静而美好。

应远志已过耳顺之年,祖上应贻诰是永康名人。应远志十四岁开始学锡雕,在漫长的岁月里,他挑着炉子和箱笼,担着被褥、铜罐等生活用品,跟着师傅行走在浙江、福建、江西、江苏等地。炉子用来熔化金属锡,也用来烧熟铜罐里的米饭,带去的霉干菜在热饭里温热,白米饭就着霉干菜就是一日三餐。在应远志的记忆里,肚子总是饿的,脚上的鞋子总是破的。至今为止,他已与锡雕结下了半个世纪的缘分。即使按四十五年每天工作五小时计算,他已经有八万多个小时与锡雕进行心神交流,八万小时的关注与投入,足够把一个匠人锤打成一位真正意义上的大师。

工作台上的锡茶壶已成型,经过应远志的加工,散发出银质般的雪亮光泽,这把壶是他大半天的工作成果。"经过了熔锡、浇制锡板、画图、裁剪、敲打、锉磨等工序。"应远志从不保留他的锡雕手艺,似乎与人分享这门千年技艺是一件非常快乐的事情。他严谨地说:"这把锡茶壶的完工,还要经过焊接、零部件制作、抛光、雕刻等工序。"

应远志娓娓道来:"在所有工序中,敲打和焊接是最难的。手工的锡器,是一锤锤打出来的,因此永康人叫制作锡器为'打镴'。"

应远志刚刚打制的锡茶壶的外表，有均匀有致的敲打纹，底部是螺旋式的太阳纹。应远志见我端详这些纹理，便来了兴致："敲打纹是按照壶身的斜度、手艺人敲打支撑点的感觉，来进行敲打的，凭的是几十年练就的感觉，没有长时间的经验积累，很难做到。敲打纹和太阳纹的整个完成过程需要一气呵成，若有中断，很难再回到原来的感觉，必然留下痕迹。"

"焊接是最后面的工序，也是最险要的工序。细细的焊条在拼接处，一接触到火就熔化。焊接需要眼与手都快、准，如若哪个方面欠一点，可能就会熔化了不该熔化的地方而产生瑕疵，甚至前功尽弃。"说到锡雕的技艺，应远志变得健谈。

一件锡器完成后，锡匠会根据客户的要求，在锡器上进行图案雕刻。客户没有要求的，锡匠可以按照自己的想法进行雕刻。应远志说："雕刻在技法上有模雕、平面雕、浮雕、造型雕；在手法上有挖、敲、锉、划、转、削、磨等。雕刻最见真功夫，不但要有丰富的经验积累，还要有一定的美术基础和审美能力。"

## 器中情怀

应远志行走江南各省，其中浙江的宁波、绍兴、台州、金华、温州、丽水都是经常去的地方，而打得最多的锡器则是嫁妆用品和生活用品，此外也打过祭祀用品、摆设品等。"打得最多的是婚嫁用品中的'五字'。一对烛台、一对花瓶、一个香炉是惯常的组合，俗称'五字'，许多江南人家碰到好的锡匠都会早早为女儿备下这份嫁妆。其次就是酒壶。"应远志抽着烟，似乎回到了那些行走江湖的岁月。他说，纯锡制品对人体有益，有保鲜、净化的功效，因此被誉为"绿色金属"。锡酒壶盛的酒冬暖夏凉，醇厚清冽，味道纯正，条件好的人家，往往还会要求打制茶叶罐。锡茶叶罐密封性好、无毒、不易氧化变色，具有很好的杀菌、净化、保鲜作用，千百年来，人们一直认为它是能使茶叶长期保鲜的最佳器具，用它储存的茶叶不会变色、变味。

应远志曾经为永康棠溪的一位农民加工过缩小版的锡制"烧酒井"。"烧酒井"是烧制白酒的器具，整套用品分几层。第一层即最底层是大铁锅，锅内盛水；第二层是"饭蒸"，放在锅里的水中，饭蒸是用木头箍成的圆桶；第三层是锡制蒸馏水圈（水即白酒），这个圈要严丝合缝地嵌在饭蒸上；第四层是聚集蒸馏水的桶，俗称"和尚帽"，纯锡打造。"烧酒井"有家用的，也有专门烧白酒的匠人使用的。听应远志说着"烧酒井"的原理，我想到每年春季插秧的季节，村子里弥漫着的酒香，那个时候，农户在春节前后喝光了自己酿的黄酒，就把酒糟拿出来烧白酒。想不到，这扑鼻的香味还有打锡师傅的一份匠心。

锡制的祭祀品，有大刀、开山斧等，俗称"36对""52对"。这是一个大工程，应远志曾经被邀请参加过这个祭祀品的集体制作。

"温州人喜欢打六角茶叶罐、酒壶、果子盘；萧山人和绍兴人习惯打六角茶叶罐、八角点心盒、烛台；玉环人拜年有用锡制容器放置麦饼肉的习俗……"说起各地不同的风俗习惯，应远志的思绪回到了四海为家做手艺的年月。

## 传统与现代

应远志近来最得意的一组作品，是一套锡制功夫茶茶具。他把茶壶敲打成精巧的瓜状，盖子上小小的手柄是瓜蒂。茶壶周身透亮,高雅精致,让人爱不释手。应远志自己喜欢喝茶,大红袍、金骏眉都是他的最爱。他喝茶用过瓷器、紫砂,却唯独对锡器情有独钟。锡茶壶泡出来的茶总是特别清香,他喜欢看着放在现代茶桌上的锡茶具,氤氲在弥漫着茶香的雾气中。

"我以前制作的功夫茶茶具,都被朋友和老客户强行'买'走了。"应远志说这话的时候,心里喜滋滋的,有一种自己的艺术创作被认可的快乐。在他看来,他以前的大半生都是根据客户的要求进行制作,制作的是一种风俗和传统,产品没有大的变化,但是现在,他制作的茶壶是自己喜欢的,是按照自己的想法创作出来的,其中包含了自己的审美志趣,是一种创作。在锡雕这门传统技艺中,他看到了新的可能性,并因此感到小小的激动。

应远志有些感慨:"数十年的变迁,人们的生活习惯发生了巨大的变化。当年祭祀用的锡制品已鲜少见到,但婚嫁用品依然经久不衰,而生活用品慢慢就成为锡制品的重要市场。"永康的锡雕并没有像许多传统技艺一样,面临传承的尴尬,相反,它代代相传、生生不息,焕发出强大的生命力。

应远志也找到了一位年轻的学徒,这位年轻人对锡雕这门千年技艺有着浓厚的兴趣。应远志不仅准备把手艺毫无保留地传给他,还希望在他的手上,让这一技艺更深地走进现代人的生活。

永康锡雕如同其他艺术一样,一条路坚守传统,另一条路走向现代,用浇铸、车床等技术代替了部分手工制作,并把锡与青瓷、白瓷等工艺进行融合,开发出了大量的新产品。走进浙江荣盛达锡制品有限公司,仿若走进了偌大的工作室,工作人员正在制作的,不仅有大型的锡制墙雕,还有精美别致的小象雕、鹤雕等。接待我们的盛世民出生于1984年,他的父亲盛一元也是一位老锡匠,他不仅学会了父亲的技艺,还在此基础上进行了创新。比如,利用锡的密封性,以锡为盖和底,其他部位用青瓷。雪亮的锡镶嵌在青瓷上,银白衬着细腻的青色,散发出高贵与典雅的气息。有的,给锡制品披上了一件古铜色的外衣;有的,则加上了贝壳的饰纹……产品在传统制品的基础上,开辟出香烟盒、咖啡豆盒、手镯、现代茶具等,处处让人感受到创作者对现代生活的理解和追求。